本书为中国学位与研究生教育学会课题"全日制教育硕士研究生教学能力评价
辽宁省教育科学"十三五"规划课题"基于教师教育功能拓展的职业教育师
沈阳师范大学教学改革研究项目"'教师教育+X'的实施模式研究"结题

全日制教育硕士教学能力评价指标构建及测评

QUANRIZHI JIAOYU SHUOSHI JIAOXUE NENGLI
PINGJIA ZHIBIAO GOUJIAN JI CEPING

彭万英 唐卫民 著

知识产权出版社
全国百佳图书出版单位
—北京—

图书在版编目（CIP）数据

全日制教育硕士教学能力评价指标构建及测评 / 彭万英，唐卫民著. —北京：知识产权出版社，2023.6

ISBN 978-7-5130-8775-9

Ⅰ. ①全… Ⅱ. ①彭… ②唐… Ⅲ. ①教育学-硕士-教学能力-评价 Ⅳ. ①G451.1

中国国家版本馆 CIP 数据核字（2023）第 094996 号

内容提要

本书通过分析我国全日制教育硕士教学能力的国内外相关文献及标准，形成全日制教育硕士教学能力评价指标预案；通过德尔菲专家咨询法，确定全日制教育硕士教学能力评价指标的最终方案；通过以评价指标为依据设计教师卷和学生卷的形式，了解全日制教育硕士教学能力的现状，分析存在的问题，最终为提升全日制教育硕士教学能力水平提出建议，为提高全日制教育硕士研究生培养质量提供参考。

本书可供从事教育硕士专业学位研究生教育教学、管理及研究人员阅读参考。

责任编辑：李小娟　　　　　　　　　　责任印制：孙婷婷

全日制教育硕士教学能力评价指标构建及测评
QUANRIZHI JIAOYU SHUOSHI JIAOXUE NENGLI PINGJIA ZHIBIAO GOUJIAN JI CEPING

彭万英　唐卫民　著

出版发行	知识产权出版社有限责任公司	网　　址	http://www.ipph.cn
电　　话	010-82004826		http://www.laichushu.com
社　　址	北京市海淀区气象路 50 号院	邮　　编	100081
责编电话	010-82000860 转 8531	责编邮箱	laichushu@cnipr.com
发行电话	010-82000860 转 8101	发行传真	010-82000893
印　　刷	北京中献拓方科技发展有限公司	经　　销	新华书店、各大网上书店及相关专业书店
开　　本	720mm×1000mm　1/16	印　　张	14.5
版　　次	2023 年 6 月第 1 版	印　　次	2023 年 6 月第 1 次印刷
字　　数	230 千字	定　　价	79.00 元

ISBN 978-7-5130-8775-9

出版权专有　侵权必究

如有印装质量问题，本社负责调换。

目 录

第一章 绪 论 …………………………………………………………… 1

第二章 全日制教育硕士教学能力评价的指标构建 …………………… 14
    第一节 教学能力评价指标的构建原则与依据 ………………… 14
    第二节 基于德尔菲专家咨询法的教学能力评价指标的确立 … 18
    第三节 教学能力评价指标权重的确立 ………………………… 25

第三章 教育硕士培养及测评调查概况 ………………………………… 41
    第一节 教育硕士培养概况 ……………………………………… 41
    第二节 调查概况 ………………………………………………… 48

第四章 全日制教育硕士教学能力总体测评 …………………………… 71
    第一节 教育硕士对教学能力总体测评 ………………………… 71
    第二节 教师对教学能力总体测评 ……………………………… 86

第五章 全日制教育硕士教学实践能力三级指标测评 ………………… 111
    第一节 教学基本功三级指标测评 ……………………………… 111
    第二节 教学设计能力三级指标测评 …………………………… 125
    第三节 教学实施能力三级指标测评 …………………………… 156
    第四节 教学评价和创新能力三级指标测评 …………………… 173

第六章 全日制教育硕士教学反思和研究能力三级指标测评 ………… 185
  第一节 教学反思能力三级指标测评 ……………………………… 185
  第二节 教学研究能力三级指标测评 ……………………………… 196

第七章 讨论与建议 …………………………………………………… 210
  第一节 讨论 ………………………………………………………… 210
  第二节 提升全日制教育硕士教学能力的建议 …………………… 218

参考文献 ……………………………………………………………… 223
后　记 ………………………………………………………………… 226

第一章

绪 论

一、研究背景

2022年4月2日，由教育部等8部门印发的《新时代基础教育强师计划》，明确提出"高质量教师是高质量教育发展的中坚力量。为贯彻落实《中共中央 国务院关于全面深化新时代教师队伍建设改革的意见》精神，按照《中华人民共和国国民经济和社会发展第十四个五年规划和2035年远景目标纲要》要求，着力推动教师教育振兴发展，努力造就新时代高素质专业化创新型中小学（含幼儿园、特殊教育，下同）教师队伍，为加快实现基础教育现代化提供强有力的师资保障"。其中具体措施的第六条提出，"实施高素质教师人才培育计划，持续实施卓越教师培养计划"，"适应基础教育改革发展，遵循教师成长规律，改革师范院校课程教学内容，改进教学方法手段，强化教育实践环节，提高师范生培养质量"。第十条提出："继续做好教育类研究生、公费师范生和优师计划师范生免试认定改革工作，教师教育院校对师范生教育教学能力进行考核。"可见，培养卓越的、高素质的中小学教师，其教育教学能力的培养是关键。

其实，早在2012年颁布的《国务院关于加强教师队伍建设的意见》就指出，要扩大教育硕士和教育博士的招生与培养规模，培养具有高水平的中小学和职业学校教师及管理人员等。国家相关政策的引导与扶持，加上社会本身对于高水平的专家型中小学教师及管理人员的需求，使得我国的全日制教育硕士招生与培养规模不断扩大。截至2022年10月4日，全国教育硕士专业学位招生院校已达190所（其中授权点院校185所），各类教育硕士研究生累计录取54万余人，截至2021年年底有近32万人获得专业学位。❶ 随着招生规模的不断扩大，培养院校数量的增加，教育硕士培养类型和形式日益多样化，提升培养质量显得十分重要，尤其是全日制教育硕士的教学能力质量。除此之外，2021年3月，全国专业学位研究生教育指导委员会根据国务院学位委员会发布的《关于开展2021年学位与研究生教育质量专项巡查工作的通知》将"实践教学"作为巡察的重点，并对30所院校开展了为期两个月的专项巡察，在巡察中发现现阶段部分院校"实践教学"环节存在一些问题，❷ 这些问题导致学生的教学能力出现诸多不足，如学生在进入工作岗位时不清楚如何设计教学、抓不住教学重难点、不知道如何处理课堂突发事件、教学研究能力和自我反思能力欠缺等。基于以上情况，提升全日制教育硕士的教学能力成为当前研究的重要课题之一，其中客观地评价全日制教育硕士教学能力水平，建立一套科学的、系统的评价指标体系尤为重要。通过构建全日制教育硕士教学能力的评价指标体系，并进行测评，可以使全国教育硕士各培养院校更好地了解全日制教育硕士教学能力的现状，从而有针对性地采用有效策略，提升全日制教育硕士人才的培养质量。

二、研究目的与意义

（一）研究目的

本书依据评价指标的构建原则，通过分析全日制教育硕士教学能力的国内外相关文献，以及《全日制教育硕士专业学位研究生指导性培养方案（修订）》（以下简称《方案》）及《中学教育专业师范生教师职业能力标

---

❶ 全国教育专业学位教育指导委员会.教育专业学位教育概况[EB/OL].(2022-11-25)[2022-12-18].http://edm.eduwest.com/viewnews.jsp?id=41.

❷ 张斌贤.2021年教育专业学位教育专项质量巡查情况报告[R].北京:北京师范大学,2021.

准（试行）》《小学教育专业师范生教师职业能力标准（试行）》等相关内容，形成全日制教育硕士教学能力评价指标预案；通过德尔菲专家咨询法，确定全日制教育硕士教学能力评价指标的最终方案；依据评价指标设计调查问卷，调研全日制教育硕士教学能力的现状，分别对我国教育硕士培养院校的教师和学生两大群体进行问卷调查，其中教师包括理论导师、实践导师、任课教师及管理者，学生包括在校生和毕业生，通过了解现阶段我国全日制教育硕士教学能力的现状，分析存在的问题及影响因素，最终对全日制教育硕士教学能力的提升提出可行化建议，从而为提高全日制教育硕士培养质量提供参考。

（二）研究意义

1. 理论意义

第一，通过构建教育硕士研究生教学能力评价指标体系，丰富教育评价学的研究内容，同时为研究生教育提供新视角，具有重要的理论先导意义。第二，以学校教育主要从事者及教育硕士研究生自身为端口，分析从事教学工作的必备能力，有助于深化对教育硕士研究生教学能力的认识。第三，对教师教育理论体系的发展具有一定的补充和完善意义。

2. 实践意义

第一，为教育部和全国教育专业学位研究教育指导委员会（以下简称全国教指委）制定具体实施细则及师范生教师职业能力标准的制定提供决策参考。基于目前实施方案刚刚颁布，具体实施细则还未出台，如何评价教学能力，依据什么评价等尚不明晰，本研究的结果可以提供参考。第二，为各高校科学评价免试认定条件下教育硕士研究生教学能力提供评价依据、标准和量化评价工具。通过德尔菲专家咨询法、层次分析法（The analytic hierarchy process，AHP）对教育硕士研究生教学能力评价指标体系进行构建，建立教学能力评价标准，设置相应的指标权重系数。对培养单位而言，能够组织对教育硕士研究生教学能力的评价，根据评价结果，发现和改革教育硕士研究生教学能力培养的诸多问题。第三，有助于引导教育硕士研究生自觉地依据评价指标体系调整自己的教学实践行为，及时发现自身教学能力的优势与不足，明晰教学实践目标，能够主动、积极、富有创造性地参与教学实践工作。

三、概念界定与理论分析

(一) 概念界定

1. 全日制教育硕士教学能力

全日制教育硕士的培养目标是"掌握现代教育理论、具有较强的教学实践能力、具有发现问题和解决问题的能力、高素质的基础教育学校和中等职业技术学校专任教师和管理人员"[1]。本研究中的全日制教育硕士教学能力是指全日制教育硕士在教学实践、教学反思和研究中所表现出来的综合能力。其中，教学实践能力包括教学基本功、教学设计能力、教学实施能力、教学评价和创新能力；教学反思与研究能力包括教学反思能力和教学研究能力。

2. 评价指标体系

评价指标体系是设计评价计划的基础和重心，是进行实际评价活动的参考和依据。[2] 它由反映评价对象内涵与根本属性的指标，以及指标的具体评价标准和权重系数构成，其主体框架是指标集。[3] 指标集一般是由多层、多级指标构成。评价指标和评价对象之间的关系并非绝对不变的，而是具有相对性。前一级的评价指标可以变为下一级的评价对象，下一级的评价对象也可以成为前一级的评价指标。在完整的评价指标体系当中，评价指标所处的等级越高，评价指标的含义也就越抽象；评价指标所处的等级越低，评价指标所代表的意义也就越具体。评价标准是末级指标的具体解释和说明，是评价对象实际达到指标程度的具体要求。在实际的评价活动中，可将评价对象所达到评价指标的水平区分为不同的等级和分数，用以进行评价结果的统计和表达。而权重系数则是用来表示各同级指标在整个指标体系中的相对重要程度，指标越重要，权重系数越大，指标越不重要，权

---

[1] 全国教育专业学位研究生教育指导委员会. 全日制教育硕士研究生指导性培养方案(修订)[EB/OL]. (2009-05-20)[2022-05-11]. https://yz.chsi.com.cn/kyzx/zyss/200905/20090520/94572569.html.

[2] 董婷. 硕士研究生教育质量评价标准的思考[J]. 文教资料,2006(11):16-17.

[3] 史秋衡,陈蕾. 中国特色高等教育质量评估体系的范式研究[M]. 广州:广东高等教育出版社,2011:29.

重系数也就越小。❶

3. 全日制教育硕士教学能力评价指标体系

全日制教育硕士的培养目标是"掌握现代教育理论、具有较强的教学实践能力、具有发现问题和解决问题的能力、高素质的基础教育学校和中等职业技术学校专任教师和管理人员"❷。本书中的全日制教育硕士教学能力评价指标体系是指测评全日制教育硕士在教学实践、教学反思和研究中所表现出来的综合能力指标体系，包括一级、二级、三级具体评价指标。

(二) 以实践性为导向的培养质量观

1. 培养质量观的内涵

观念是行动的先导，要提高人才培养质量，促进高素质人才的培养，首先应明确和树立科学的高等教育人才培养质量观。从一般意义上来说，质量观是一个包含质量和质量标准的概念。质量通常是指人们对某一事物质地优劣或某一现象成效好坏的衡量和评价。质量一般与数量相对应，是作为评价对象的载体或承受者；质量标准则是赋予质量某种特定内涵和价值观的基本尺度；当人们选择了作为质量的载体之后，再赋予质量一定的评价标准，在思想上就具备了某种质量观。由此可见，所谓高等教育人才培养质量，就是对高等教育人才培养水平高低和效果优劣的衡量与评价；而高等教育人才培养质量观，则是对高等教育人才培养质量的基本认识和看法，它主要涉及用什么标准来衡量和评价高等教育人才培养的质量问题。❸

2. 专业型硕士和学术型硕士

专业型硕士和学术型硕士是硕士研究生两种不同的类型，二者水平与级别相当，彼此间相互平行。学术型硕士研究生侧重于理论和学术研究方面，主要以培养从事学术研究工作的科研人员为目标，要求在教育过程中注重培养科学研究所具备的实事求是、开拓创新等科学精神；同时，要求学术型硕士学位获得者具有在本门学科上掌握坚实的基础理论和系统的专

---

❶ 张剑. 全日制教育硕士培养质量评价指标体系的研究[D]. 沈阳:沈阳师范大学, 2015.

❷ 全国教育专业学位研究生教育指导委员会. 全日制教育硕士研究生指导性培养方案(修订)[EB/OL]. (2009-05-20)[2022-05-11]. https://yz.chsi.com.cn/kyzx/zyss/200905/20090520/94572569.html.

❸ 同❶.

门知识，从事科学研究工作或独立担负专门技术工作的初步能力。专业型硕士学位相对于学术型硕士学位而言，是针对社会特定职业领域的需要，培养具有较强的专业能力和职业素养、能够创造性地从事实际工作的高层次应用型专门人才而设置的一种硕士学位类型。专业型硕士学位起源于美国，从设立到现在，专业型硕士从未把理论与学术能力的培养作为其培养目标。可以说，专业型硕士培养从一开始，就区别于传统学习和课程教育理念，其目标是培养学生的实践能力而非理论能力。综上所述，专业型硕士与学术型硕士的最大不同之处在于培养目标与培养质量侧重点的区别，前者的重点是应用实践能力，而后者则是学术理论能力。❶

3. 全日制教育硕士的培养质量观

全日制教育硕士是以培养具有先进教育理念和扎实理论基础的应用型、复合型的高层次基础教育人才为目标，促进中小学一线教师由"教书匠"向"专家"的职业转变，以顺应新时代社会经济发展对基础教育师资质量提出的新要求。一方面，全日制教育硕士作为专业型硕士研究生的一种类型，其培养目标与培养质量均侧重于实践能力的养成，无论是品质与态度，还是理论与知识，最终都将反映在全日制教育硕士的应用实践能力上，并以教学实践的形式表现出来；另一方面，由于构成人才质量因素的复杂性与多元性，中小学校用人单位往往"化繁为简"，以"能否教好课"这种最为直观的方式对教师质量做出考核与评价，即衡量教学实践能力的高低。因此，院校无论是在全日制教育硕士的培养过程中，还是在培养质量的评价中，都应坚持以实践性为导向的全日制教育硕士培养质量观，树立科学规范的人才培养质量观念。其中，教学能力是全日制教育硕士最重要和根本的素质，是教学质量的根本保证。❷

四、国内外研究现状和趋势

（一）国内外研究现状

目前，由于国内外没有关于本研究教学能力评价指标体系构建要素的

---

❶ 张剑. 全日制教育硕士培养质量评价指标体系的研究[D]. 沈阳:沈阳师范大学, 2015.

❷ 同❶.

细化研究，因此本书基于现有相关研究文献，从教学能力评价指标内容、构建方法、教学能力评价现状、影响因素及提升策略五方面进行综述，以期为后续的全日制教育硕士教学能力评价指标构建及测评提供理论研究支撑。

1. 关于教学能力评价指标内容的研究

教学能力是胜任教师职位的重要标尺。部分学者构建了包含师德规范、知识水平、能力技巧、教改创新四个维度的独立学院教师教学能力评价模型。❶ 还有部分学者结合师范类教师独特教学能力要求，从教师基本素养能力、教学工作能力和教学发展能力3个方面构建评价指标体系。其中教师基本素养能力包括教师道德素养、教学管理素养和身心健康素养3个二级指标；教学工作能力则包括教学表达能力、教学实践能力、解题命题能力、班级管理能力、科研创新能力5个二级指标；教学发展能力则包括继续教育学习能力、交流反思能力、持续创新能力3个二级指标。❷ 李媛媛从教学过程角度出发，构建了以课前设计能力、课堂实践能力、课后反思能力为一级指标，以教学设计能力、明确教学理念的能力、表达能力、教学组织与实施能力、信息化教学能力、教育教学评价能力、教学研究能力、沟通与合作能力为二级指标，以及具体的34个三级指标为一体的师范生教育教学能力评价指标体系。❸ 此外，刘琴、窦菊花等认为，教师教学能力评价要素包含：教师的职业素养、心理素养、评价素养、智能信息素养、教学实践能力、教学创新意识，同时也将学生和教师的成长纳入评价体系。❹

国外对教学能力的研究起步较早，通过文献整理发现，国外对教学能力的研究重点在教学能力的构成内容方面，可以为本书教学能力评价指标的构建提供参照。学者福格脱（Vogt）等通过以学生需求为中心的教师适

---

❶ 刘友平,张丽娟.独立学院教师教学能力评价及提升路径[J].黑龙江教育(高教研究与评估),2020(2):48-51.

❷ 丁克,黄萍.地方师范类院校"卓越教师"教学能力评价研究[J].六盘水师范学院学报,2020,32(4):99-103.

❸ 李媛媛.师范生教育教学能力评价指标体系构建研究[D].重庆:西南大学,2021.

❹ 刘琴,窦菊花,何高大.职业院校教师教学能力评价模型及其价值取向[J].教育学术月刊,2022(11):62-67.

应性教学能力的项目调查提出，教师的教学能力要包含学科知识、评价反馈、教学方法和班级管理等方面的内容。❶根据课堂教学活动开展的顺序，劳特（Laut）指出教师应具备的教学能力主要包括：活动开始前的诊断、选择教学材料和教学目标、活动中合理安排教学进程的能力，以及活动后的反思能力。❷伊斯梅尔（Ismail）等基于管理学胜任力视角、工作过程视角及教学活动视角，用焦点小组讨论的方式，构建了以个人特质和专业水平、课程教学和培训、技术和创新三项一级维度的教师教学能力框架。❸

2. 关于教学能力评价指标体系构建方法的研究

在教学能力评价指标体系构建方法上，现有研究中大多数研究者都采用了层次分析法、德尔菲专家咨询法、数理统计法等方法。例如，谢建、褚丹等利用层次分析法从定性与定量相结合构建高校教师教育者的教学能力六维度评价体系。❹杨世玉、刘丽艳等采用德尔菲专家咨询法，建构高校教师教学能力评价指标体系。❺吴志华、刘婷运用单一样本T检验、聚类分析和主成分因子分析的方法构建了教师教学能力评价指标体系。❻

3. 关于教学能力现状的研究

韩吉珍、彭邓民等通过对普通高中新入职教师教学能力问卷调查发现，在教学设计能力方面，教学目标设计对知识与技能目标的达成考虑不够、教学内容设计能力欠缺；在教学实施能力方面，导入、板书和运用教学方法的能力欠缺、运用技术手段表达的能力有所欠缺、师生交往能力欠缺，

---

❶ VOGT F,ROGALLA M. Developing adaptive teaching competency through coaching[J]. Teaching & Teacher Education,2009,25(8):1051-1060.

❷ LAUT J T. The identification of critical teaching skills and their relationship to student achievement:a quantitative synthesis identification of critical teaching abilities[J]. Ability,2000:25.

❸ ISMAIL A,HASSAN R,BAKAR A,et al. The development of TVET educator competencies for quality educa tion and training[J]. Journal of technical education and training,2018,10(2):38-48.

❹ 谢建,褚丹,葛涵. 基于层次分析法的高校教师教育者教学能力评价体系研究[J]. 中国成人教育,2015(4):122-125.

❺ 杨世玉,刘丽艳,李硕. 高校教师教学能力评价指标体系建构——基于德尔菲法的调查分析[J]. 高教探索,2021(12):66-73.

❻ 吴志华,刘婷. 教师教学能力评价指标体系的建立——基于高师微格课程效能评价的研究[J]. 辽宁师范大学学报(社会科学版),2011,34(4):58-61.

调动学生积极性的能力欠缺；教学评价与反思能力方面，教师对自己的反思与评价能力有所欠缺、对学生的评价注重考试成绩；在教研能力方面，大多数教师不重视教研能力，认为教研活动对教学没有多大帮助。❶ 张晨阳从教育学、管理学、心理学等多学科研究路径出发，指出高等职业院校青年教师自我发展动力不足，教学创新能力不强；教学设计未能以培养学生的创新创业精神为引领，整体性与流畅性有待加强；未能发挥信息化教学的最大价值；不能够及时进行教学评价和课堂反思。❷ 朱家华、王学慧等以《中学教师专业标准（试行）》为依据进行调查，结果显示师范生整体教学实施能力较强，教学理解能力较为薄弱，但在二级指标上，师范生教学能力水平参差不齐。❸ 朱琳通过对某省属师范学院的调查发现，师范毕业生总体教学能力水平较高，但教学能力各维度发展不平衡，艺术类专业、学前教育专业师范毕业生教学能力得分偏低。❹

4. 关于教学能力影响因素的研究

在制约教学能力发展的因素方面，龙细连、肖魁伟等认为国家层面上，国家出台的各项高校教育政策是影响教学能力的重要因素；社会层面上教师的社会地位、人们对高等教育的评价、地方经济发展水平等也都对高校青年教师教学能力有影响；学校层面影响因素主要有学校教学培训活动、教学研究、教学管理、校园文化、教学团队等；而青年教师个人层面的影响因素主要是职业选择动因。❺ 胡净通过实证研究发现，教育经费不足、校企合作不深入、长期脱离一线实践岗位、教师培训与实际不符、个人学习

---

❶ 韩吉珍,彭邓民,杜维璐.普通高中新入职教师教学能力现状及对策研究[J].教学与管理,2016(18):69-71.

❷ 张晨阳."双创"背景下高职院校青年教师教学能力现状与提升对策分析[J].新疆职业教育研究,2022,13(2):44-48.

❸ 朱家华,王学慧,窦福良.基于教师专业标准的师范生教学能力现状研究——以临沂大学生物科学专业为例[J].临沂大学学报,2020,42(5):128-135.

❹ 朱琳.师范毕业生教学能力现状研究——基于×省属师范学院的调查[J].重庆第二师范学院学报,2016,29(1):139-143.

❺ 龙细连,肖魁伟,郑梅华.高校青年教师教学能力现状与提升路径实证研究[J].中医药管理杂志,2022,30(7):116-119.

积极性不够等原因是阻碍教学能力发展的重要因素。[1] 于波、骆玉凤指出影响职前教师教学能力的主要因素为课程设置、教学方法，以及职前教师学习品质。[2] 岳晓婷、潘苏东通过访谈调查发现，职前阶段的教学比赛对师范生教学能力提升的影响较大且对其毕业后的实际教学工作有较大帮助的为表达能力、应变能力和教学反思能力。[3]

5. 关于教学能力提升策略的研究

高如民、李丽提出要夯实教育教学能力在师范生培养中的根基地位、加大教育实践类课程比重、倡导"理论+实践"的教学模式、增强师范生教育实习环节，为师范生提供更多教学实践机会。[4] 申涤尘、王慧等认为应通过强化教学学术理念，鼓励教师开展教学研究；创新教师培养机制，促进教师业务能力增长；提升教学反思意识，形成教师自主发展动力等路径来提升教师教学能力。[5] 雷群泌、李欢玉提出，要重视终身学习，提高青年教师的思想和行动自觉；注重工学结合，提高青年教师的实践操作能力；做好岗前培训，着重提升青年教师的教学技能；完善知识架构，有效提升青年教师的专业素养，多措并举，切实提高青年教师的教学能力。[6] 王婷、赵峻岩提出完善师范生教学实践教育的课程设计，加强师范生教育的理论研究；紧贴师范生教学实践自身特点，构建师范生教育实践体系；应用科学方法建立数据库，收集优秀一线教师的宝贵实践经验是循证教育学视域下师范生教学能力提升的有效手段。[7] 还有部分学者从核心素养视角和师范专

---

[1] 胡净. 中职教师教学能力现状及其影响因素的实证研究——基于湖北省18所中职学校的调研数据[J]. 兵团教育学院学报,2020,30(2):53-59.

[2] 于波,骆玉凤. 职前教师教学能力培养现状及其影响因素研究——以×大学为例[J]. 教师教育学报,2018,5(3):46-52.

[3] 岳晓婷,潘苏东. 教学比赛对师范生教学能力发展的影响调查[J]. 现代大学教育,2015(6):96-100.

[4] 高如民,李丽. 高等院校师范生教育教学能力现状分析与训练提升[J]. 教育评论,2016(5):114-117.

[5] 申涤尘,王慧,杜锐. 地方农业院校教师教学能力及评价研究[J]. 职业技术教育,2021,42(23):58-61.

[6] 雷群泌,李欢玉. 高职院校青年教师教学能力现状及提升策略研究[J]. 黑龙江教师发展学院学报,2021,40(10):27-29.

[7] 王婷,赵峻岩. 循证教育学理论与师范生教学能力提升研究[J]. 煤炭高等教育,2021,39(1):99-104.

业认证视域出发，提出要提升师范生的师范意识、以核心素养培养需求为导向、建立教学技能考核评价体系、增加实训课程、完善教师职业技能训练机制❶、在竞赛中提升师范生的教学能力、增加学科教学能力的训练，以及构建高校与用人单位联合培养平台等策略来提高师范生的教学能力。❷

（二）研究趋势

首先，目前我国对于教学能力评价的研究大多集中于现状及培养策略方面，对评价指标的系统性研究较少且存在评价标准参差不齐、指标设计不够科学客观等问题，因此评价指标体系设计的科学性、可操作性是未来研究需要重点加强的部分。其次，当前关于教学能力评价的研究多以教师和师范生两个主体为研究对象，对教育类硕士研究生教学能力评价的研究关注度不高，尚属起步阶段，在免试认定条件及新时代加强教师队伍建设背景下，对教育类硕士研究生教学能力评价进行研究，具有理论价值更有实际应用价值。这也将是未来一段时间内学界予以关注的热点研究问题之一。最后，当前关于教学能力评价的实证研究多以某一地区或某一学校为对象，缺少全国性的大样本的实证研究，在大数据背景下，基于全国性的调查研究将是未来研究的一大趋势。

五、研究内容、思路与方法

（一）研究内容

1. 构建全日制教育硕士研究生教学能力评价指标

本书以服务品质理论和能力层次结构理论为理论基础和分析模型，通过对全日制教育硕士双导师、任课教师及管理者群体进行访谈，对各级教师专业标准文本进行分析的基础上，初步构建教育硕士研究生教学能力评价指标。进一步以专家访谈法、层次分析法确立教育硕士研究生教学能力评价指标及其权重系数。

---

❶ 孙茜,黄收友,刘群凤.核心素养视角下师范生教学能力的因子分析[J].湖北师范大学学报(自然科学版),2022,42(2):109-113.

❷ 芦颖,洪金中.师范认证视域下提升师范生教学能力途径[J].江苏科技信息,2021,38(29):52-54.

2. 全日制教育硕士研究生教学能力实证评价

对全国教育硕士培养院校的教师（理论导师、实践导师、任课教师、管理者）及学生（在校生和毕业生）进行测评（自评及他评），并进行统计分析。

3. 提出全日制教育硕士研究生教学能力提升策略的完善建议

依据教育硕士研究生教学能力实证测评所得结果，结合实际情况为教育硕士研究生教学能力的提升提供可行的建议。

（二）研究思路

首先，通过分析相关文献和各级教师专业标准，构建初步的教育硕士研究生教学能力评价指标体系；在此基础上运用德尔菲专家咨询法对培养院校和用人单位中权威性较高的导师及管理者进行访谈，对初步构建的教育硕士研究生教学能力评价指标予以筛选与完善，同时运用层次分析法确定指标权重系数，并构建最终评价指标体系。其次，根据评价指标体系，编制教学能力测评问卷，从自评（在校生、毕业生）、他评（理论导师、实践导师、任课教师、管理者）两个视角了解教育硕士研究生教学能力现状，并挖掘存在问题及其影响因素。最后，基于存在问题及影响因素的分析，提出教育硕士研究生教学能力提升策略（图1-1）。

（三）研究方法

1. 文献法

依托学校图书馆内丰富馆藏资源：独秀学术资源、中国知网（CNKI）、EBSCO Information Services，Inc. 等中外文数据库对"教师""师范生"两大类，以及含"教学能力评价"的文献进行广泛收集、查阅与分析，为本研究提供理论与逻辑支撑。

2. 德尔菲专家咨询法

运用德尔菲专家咨询法对全国教指委委员、培养院校和用人单位中具有较高权威性的导师及管理者进行调查，对初步构建的教育硕士研究生教学能力评价指标予以筛选与完善，并确定末级指标的评价标准，最后用数学建模——层次分析法确定各指标权重系数。

图 1-1 研究思路

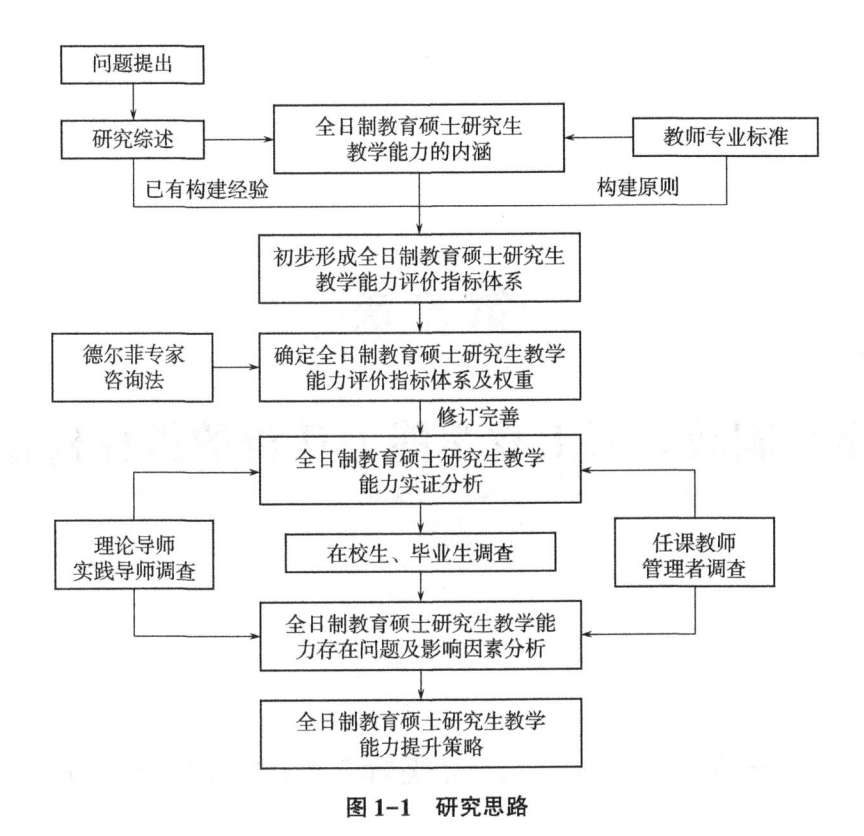

3. 问卷调查法

依据构建的教育硕士研究生教学能力评价指标体系，编制全日制教育硕士教学能力评价指标的教师卷和学生卷，分别对我国教育硕士培养院校进行教师和学生两大类的问卷调查，其中教师包括双导师、任课教师及管理者，学生包括在校生和毕业生，从而为本研究提供有力的实证调查支撑。

第二章

全日制教育硕士教学能力评价的指标构建

第一节 教学能力评价指标的构建原则与依据

一、构建原则

（一）科学性与导向性原则

对评价指标的选定、修改及最终体系的建立都应遵循科学性，要有严谨的研究态度，采用科学的研究方法和手段，客观、真实地选定每一级指标，为防止出现指标的重复使用和自相矛盾的现象，影响评价的结果，所以要保证数据的客观和准确，做到较为客观和真实地从不同方面体现全日制教育硕士的教学实践能力，经得起实践的检验。❶ 同时，应密切关注中小学校对全日制教育硕士教学能力的全面要求，教学能力评价指标中的各层指标与评价标准必须以中小学的需求为导向，体现出用人单位的导向性，不能与之相违背和脱离。这是评价指标体系设计的重要思想，规范和引导

---

❶ 刘媛媛.全日制教育硕士教学实践能力实证研究——以S大学为个案[D].沈阳:沈阳师范大学,2022.

着评价指标体系的走向。[1]

(二) 前瞻性与发展性原则

研究生的培养工作是一项长期的和不断发展变化的活动，在构建全日制教育硕士教学能力评价指标体系时，应紧跟时代发展，密切关注中小学的需求变化，使评价指标保持一种前瞻性，正确引导全日制教育硕士的培养与发展方向。[2] 构建全日制教育硕士教学实践能力评价指标体系的目的是，检验全日制教育硕士毕业时，能否具备教师教学实践能力的潜质。而作为基础教育学校和中等职业技术学校专任教师主要来源的全日制教育硕士，其培养要求会随着基础教育教学的变革与发展而发生变化，因此本研究的指标设定要尽量体现出前瞻性和发展性。[3]

(三) 实操性与可比性原则

全日制教育硕士教学实践能力评价要能全面反映教学实践能力的总体状况，这就对评价指标的多样性和完整性提出了要求。然而，盲目追求评价指标的全面性会给评价的实施带来巨大负担，因为许多指标难以量化和计算，甚至可能难以获得。创建的评价指标最终将在实践中用于指导全日制教育硕士教学实践能力的发展，因此对于可操作性差、影响较小的指标内容，可考虑删除，尽可能保留易获取、便于追踪更新、对评价结果影响大的指标。[4] 同时，全日制教育硕士的专业方向众多，目前全国共开设了20个专业方向，不同专业方向的全日制教育硕士在其教学能力的体现上存在一定的差异。因此，在构建教学能力评价指标体系时应当反映不同专业方向的共同属性与特征，制定统一的评价指标与标准，保证不同的评价对象可以用相同的指标体系进行评价，体现其可比性与适用性原则。[5]

---

[1] 张剑. 全日制教育硕士培养质量评价指标体系的研究[D]. 沈阳:沈阳师范大学,2015.

[2] 同[1].

[3] 冯影. 智慧教育背景下师范生创新能力评价指标体系构建研究[D]. 兰州:西北师范大学,2021.

[4] 刘媛媛. 全日制教育硕士教学实践能力实证研究——以S大学为个案[D]. 沈阳:沈阳师范大学,2022.

[5] 同[1].

（四）定性与定量相结合原则

教学实践能力是一个相对复杂的概念，影响教学实践能力的因素也纷繁复杂，导致教学实践能力评价指标也有一定的模糊性，不能完全被量化，如果强行将指标量化则会大大削弱测量效果。因此，为保证评价指标能够较为真实全面地反映教学实践能力的本质，在设计全日制教育硕士教学实践能力评价指标时，应遵循定性与定量相结合的原则。❶

（五）特色性原则

全日制教育硕士虽然属于专业学位研究生类型，但仍然具有硕士研究生所共有的一些普遍特性，所以在教学能力的评价中或多或少地表现出一些与学术型硕士研究生，以及其他学科的专业型硕士相似的地方。为了将其区分开来，更好地体现出全日制教育硕士教学能力评价的意义与价值，教学能力评价指标体系的构建必须要求能够体现出全日制教育硕士在培养目标及培养过程中所具有的独特性。这就要求研究者无论是在指标的收集与选取、评价标准的确定还是权重系数的计算上，可以借鉴其他类别硕士研究生培养质量评价指标体系，但决不能照搬使用，教学能力评价指标体系构建的重点将是彰显其特色性。❷

二、构建依据

（一）《中学教育专业师范生教师职业能力标准（试行）》《小学教育专业师范生教师职业能力标准（试行）》

《中学教育专业师范生教师职业能力标准（试行）》《小学教育专业师范生教师职业能力标准（试行）》是2021年4月教育部为推进教育类研究生免试认定中小学教师资格改革而颁布的文件，对提高师范生的教育教学能力具有重要政策指导意义。全日制教育硕士教学能力虽然应该高于师范生教学能力，但这些文件对于提高全日制教育硕士的教学能力依然具有指导性，因此通过分析职业能力标准对全日制教育硕士教学能力评价指标的

---

❶ 刘媛媛. 全日制教育硕士教学实践能力实证研究——以S大学为个案[D]. 沈阳：沈阳师范大学，2022.

❷ 张剑. 全日制教育硕士培养质量评价指标体系的研究[D]. 沈阳：沈阳师范大学，2015.

构建有重要的参考价值。

这两个文件从师德践行能力、教学实践能力、综合育人能力、自主发展能力4个方面对师范生提出了具体的要求，其中教学实践能力和自主发展能力为全日制教育硕士教学能力评价指标的构建提供了具体政策导向。通过分析发现，师范生应具有的教学实践能力可以概括为以下几点：①熟悉课程标准和教材，理解教材的逻辑和架构；②了解分析学生学习需求的基本方法，预判学生学习的疑难点；③能确定恰当的学习目标和学习重点，并进行学习活动设计；④合理选择学习资源和教学方法、安排教学过程和环节；⑤能够创设教学情境，激发学生学习兴趣；⑥能够根据课堂反应及时调整教学活动，掌握教学时间和教学节奏，适当进行提问与讨论；⑦能够运用课堂结束技能，指导学生进行归纳；⑧树立促进学生学习的评价理念，实施过程评价；⑨能够定期进行教学后的反思，根据学生的学习状况对教学进行改进。❶ 应该具有的自主发展能力包括：①具有终身学习和发展的意识；②了解基础教育课程改革；③具有反思意识和批判精神，能对教学问题及时改进；④掌握并运用教育教学科研方法的能力；⑤具有撰写教育教学研究论文的基本能力；⑥具有沟通交流能力；⑦具有收集资料和分析资料的能力；⑧具有小组互助、合作学习能力。❷

(二)《全日制教育硕士专业学位研究生指导性培养方案》

《方案》在一定意义上反映国家、社会用人单位的需求，不论对高校的工作方向还是对全日制教育硕士的培养质量都产生着深远的影响，因此分析《方案》的主要内容对全日制教育硕士教学能力评价指标的构建有重要的参考价值。

《方案》中明确表示要将全日制教育硕士培养成掌握现代教育理论，热爱教育事业，具有突出实践能力、发现和解决问题的能力、创新能力，以及具有终身学习和发展意识的高层次人才。因此，全日制教育硕士的培养目标可以概括为七点：①爱国爱党、热爱教育事业，既教学生知识又教学

---

❶ 刘媛媛.全日制教育硕士教学实践能力实证研究——以S大学为个案[D].沈阳:沈阳师范大学,2022.

❷ 侯俊行.全日制教育硕士教学研究能力的实证研究——以S大学为例[D].沈阳:沈阳师范大学,2022.

生做人；②掌握先进的教育理念，通过政策文件或会议等途径积极了解学科发展前沿；③具备精深的专业知识，真正做到"学高为师"；④具有创新能力；⑤具有发现和解决教学问题的意识和能力；⑥能够运用多种教学研究方法开展教育教学工作；⑦能够熟练掌握一门外语。❶

第二节　基于德尔菲专家咨询法的教学能力评价指标的确立

一、咨询专家的选择与权威性

（一）咨询专家的选择

为了保证全日制教育硕士评价指标的科学性，在研究文献、教指委指导性培养方案及中小学教师职业能力标准的基础上拟定了评价指标体系，然后在全国范围内选择专家进行指标体系的咨询，最终选择的专家包括全国教指委委员18人，实践导师19人，理论导师8人，中小学教研员7人，共计52人（表2-1~表2-10）。

表2-1　专家来源分布统计

专家类型		人数/人	百分比/%
全国教指委委员		18	34.6
实践导师	小学	6	11.5
	初中	6	11.5
	高中	7	13.5
理论导师		8	15.4
中小学教研员		7	13.5
总计		52	100.0

---

❶ 全国教育专业学位研究生教育指导委员会. 全日制教育硕士研究生指导性培养方案(修订)[EB/OL]. (2009-05-20)[2022-05-11]. https://yz.chsi.com.cn/kyzx/zyss/200905/20090520/94572569.html.

表2-2 全国教指委委员任职年限分布统计

任全国教指委委员年限	人数/人	百分比/%
2~3年	11	64.7
4~6年	2	11.8
7~9年	3	17.6
10年及以上	1	5.9
总计	17	100.0

表2-3 专家职称分布统计

职称	人数/人	百分比/%
正高级	24	46.2
副高级	27	51.9
讲师	1	1.9
总计	52	100.0

表2-4 专家任现职称年限分布统计

任现职称年限	人数/人	百分比/%
10年以下	11	21.2
10~20年	32	61.5
20年以上	9	17.3
总计	52	100.0

表2-5 专家年龄分布统计

年龄	人数/人	百分比/%
49岁及以下	16	30.8
50~54岁	18	34.6
55岁及以上	18	34.6
总计	52	100.0

表 2-6 专家最高学历分布统计

最高学历	人数/人	百分比/%
博士研究生	26	50.0
硕士研究生	14	26.9
大学本科	12	23.1
总计	52	100.0

表 2-7 专家工作年限分布统计

工作年限	人数/人	百分比/%
25 年及以下	13	25.0
26~30 年	14	26.9
31~35 年	16	30.8
36 年以上	9	17.3
总计	52	100.0

表 2-8 专家对全日制教育硕士了解程度分布统计

对全日制教育硕士了解程度	人数/人	百分比/%
非常了解	15	28.8
比较了解	33	63.5
一般及以下了解	4	7.7
总计	52	100.0

表 2-9 专家是否从事过全日制教育硕士教学工作分布统计

专家是否从事过全日制教育硕士教学工作	人数/人	百分比/%
是	34	65.4
否	18	34.6
总计	52	100.0

表2-10　专家是否正在担任或曾经担任过全日制教育硕士导师分布统计

专家是否正在担任或曾经担任过全日制教育硕士导师	人数/人	百分比/%
是	47	90.4
否	5	9.6
总计	52	100.0

从上述咨询专家的来源分布及个人情况统计表可以看出，专家的来源覆盖面较广；具有副高级职称的专家占98.1%，且任现职称年限在10年及以上的专家占78.8%，年龄在50岁及以上的专家占69.2%，最高学历为硕士及以上的专家占76.9%，工作年限在26年及以上的专家占75.0%；专家对全日制教育硕士了解程度在比较了解及以上的占92.3%，从事过全日制教育硕士的教学工作的占65.4%，正在担任或曾经担任过全日制教育硕士导师的占90.4%。可见，52位咨询专家的选择具有较好的代表性和多样的层次性。

(二) 咨询专家的权威性

专家对相关问题进行研究或判断时的依据称为判断依据，用判断系数 C_a 表示；专家在对相关问题进行研究或判断时的熟悉程度，通常用熟悉程度系数 C_s 表示。以上两个因素共同决定专家在此问题研究中的权威性，权威性一般通过权威系数 C_r 表示。专家的权威系数 C_r 通过计算判断系数 C_a 和熟悉程度系数 C_s 的算术平均值得到，公式为 $C_r=(C_a+C_s)/2$[1]。总体来说，专家的权威程度与指标判断的准确性和建立指标的信度是成正比关系，专家的权威程度越高，判断指标的准确性与信度也就越高。

1. 判断系数（C_a）

判断依据包括工作经验、理论分析、参考国内外文献和直觉判断四个维度，每个维度对专家的影响程度又分为大、中、小三个层次，并赋予其不同的量化值。判断系数 C_a 在本研究中的含义是指专家在对教学能力评价指标的重要性进行判断时所依据的各种影响因素的综合测量数值。本研究在参考医

---

[1] 李淑花.护理学硕士研究生核心能力评价指标体系的初步构建[D].太原:山西医科大学,2009.

学统计测量方法的基础上❶❷，制定判断系数量表（表2-11）。

表2-11 专家判断数量表

判断依据	判断影响程度		
	大	中	小
工作经验	0.45	0.30	0.15
理论分析	0.30	0.20	0.10
参考国内外文献	0.20	0.15	0.10
直觉判断	0.05	0.05	0.05
合计	1.00	0.70	0.40

当$Ca=1.0$表示判断依据对专家的判断影响程度最大，当$Ca=0.7$表示判断依据对判断影响程度一般，当$Ca=0.4$则表示判断依据对判断影响程度最小。通过问卷反馈统计并计算出51位专家（1位专家没有回答该部分问题）的自评判断系数（表2-12）。

表2-12 专家自评判断系数分布情况

判断系数（Ca）	0.95	0.90	0.85	0.80	0.75	0.65	0.60
人数/人	10	7	4	12	13	4	1

2. 熟悉程度系数（Cs）

熟悉程度系数在本研究中的含义是指专家对教学能力评价指标的熟悉程度以数值的形式表现出来的系数。同判断依据和判断系数一样，对所要研究或判断问题的熟悉程度直接关系到专家的权威性和权威系数。本研究将专家对指标的熟悉程度分为"非常了解""比较了解""一般了解""不太了解"四个等级，并赋予了相应的分值，请专家根据实际情况进行个人的熟悉程度评价（表2-13）。

---

❶ 孙振球.医学统计学[M].北京:人民卫生出版社,2009:529-547.
❷ 曾光.现代流行病学方法与应用[M].北京:中国协和医科大学出版社,1994:250.

表 2-13　专家熟悉程度量化

熟悉程度	非常了解	比较了解	一般了解	不太了解
熟悉程度系数（Cs）	1.0	0.8	0.6	0.4

通过统计每位专家对本次调查研究内容的熟悉程度，得到熟悉程度系数（表2-14）。

表 2-14　专家熟悉程度系数分布情况

熟悉程度系数（Cs）	1.0	0.8	0.6	0.4
人数/人	15	32	3	1

3. 权威系数（Cr）

首先根据专家的判断系数 Ca 和熟悉程度系数 Cs 计算出每位专家的权威系数 Cr，再通过计算平均值的方法得出 51 位专家的权威性综合系数（表2-15）。

表 2-15　专家权威系数分布情况

权威系数（Cr）	0.98	0.95	0.90	0.88	0.85	0.83	0.80	0.78	0.75	0.73	0.68	0.60
人数/人	6	2	5	5	4	4	7	10	1	4	2	1

在 51 名专家中，权威系数 Cr 小于 0.7 的有 3 名专家，其余专家的权威系数均高于 0.7。通过计算专家权威系数的平均值，可得 $\overline{Cr} = \dfrac{Cr_1 + Cr_2 + \cdots + Cr_n}{n} = 0.83$。一般认为，当权威系数大于或等于 0.7 时，专家的权威性为可接受程度，专家对内容的分析和选择具有一定把握；当权威系数大于或等于 0.8 时，则表明专家对调查研究的问题和内容有较大把握。根据计算的专家权威系数平均值来看，参与问卷调查的 51 位专家的咨询意见是可以接受的，且具有较高的权威性。

二、专家咨询的结果

(一) 第一轮专家咨询结果

在依据文献、全国教指委指导性培养方案和中小学教师职业能力标准设计出初步的全日制教育硕士教学能力评价指标体系后，设计了第一轮咨询调查问卷，该咨询问卷主要由四部分构成：第一部分是专家的个人信息情况；第二部分是对构成全日制教育硕士教学能力评价的各级指标重要性的咨询，评价指标按其重要程度分为很重要、重要、一般、不重要、很不重要五个等级，并赋予相应分值5、4、3、2、1，请专家予以选择评价和提供修改意见；第三部分为全日制教育硕士教学能力评价标准的咨询，通过在拟定的各项末级指标评价标准后面，设置同意、不同意和修改意见三个选项，请专家填写，进行判断，同时对评价指标的熟悉程度和判断依据也进行了调查；第四部分为现状咨询，了解专家对全日制教育硕士教学能力现状的总体评价、存在的主要问题和原因，以及提高全日制教育硕士的教学能力应该采取的措施。

经过对咨询调查问卷的整理，第一轮咨询结果做出如下调整。

(1) 将二级指标"教学基本功"下的三级指标"文字书写能力"修改为"板书书写能力"。

(2) 将二级指标"教学设计能力"下的三级指标"教案设计能力"删除，拆分为4个指标"教学目标拟定能力""教学环节设计能力""教学策略设计能力""教学资源与器具筛选能力"。

(3) 将二级指标"教学实施能力"下的三级指标增加一个"教学应变能力"，将原有的"教学评价能力"与新增的"教学创新能力"合称为"教学评价和创新能力"，并作为二级指标。

(4) 将原有的"教学反思能力"与"教学研究能力"合并，作为一级指标"教学研究与反思能力"，下设"教学研究能力"和"教学反思能力"两个二级指标并将二级指标"教学反思能力"下的"自我反思能力"删除，将"教学研究能力"下设三个指标"问题发现能力""问题分析能力"和"问题解决能力"。

(5) 对应上述指标的调整，评价标准也做出了相应修改。

(二) 第二轮专家咨询结果

在综合第一轮专家咨询结果后,编制了第二轮专家咨询问卷,主要包括两部分内容。第一部分为全日制教育硕士教学能力评价的各级指标重要性的咨询,评价指标按其重要程度分为很重要、重要、一般、不重要、很不重要5个等级,并赋予相应分值5、4、3、2、1,请专家予以选择评价并提供修改意见;第二部分为全日制教育硕士教学能力评价标准的咨询,在拟定的各项末级指标评价标准后面提供同意、不同意及修改意见三个选项,请专家填写,进行判断。

经过对第二轮咨询调查问卷的整理,做出如下调整。

(1) 将二级指标"教学设计能力"下的三级指标"教学资源与器具筛选能力"修改为"教学资源及教具筛选能力"。

(2) 将二级指标"教学实施能力"下的三级指标"教学应变能力"修改为"教学生成能力"。

(3) 将二级指标"教学研究能力"下设的"问题分析能力"修改为"问题处理能力",将"问题解决能力"修改为"成果运用能力"。

(4) 部分评价标准做了修改。

第三节　教学能力评价指标权重的确立

一、评价指标权重系数确立的方法与步骤

(一) 评价指标权重系数确立的方法

教学能力评价体系的评价系数是整个评价体系的关键,但是在具体评价过程中由于主观经验和评分细则的限制,对于评价系数无法进行精确量化,导致评价系数模糊不精确,故本研究引入层次分析法对全日制教育硕士教学能力评价系数进行测量。

层次分析法,是由美国国家工程院院士、运筹学家托马斯 L. 萨蒂(Thomas L. Saaty)于20世纪60年代首次提出的一种将定性问题转化成定量分析,将定量与定性相结合的一种多因素、多准则、多目标的决策分析方法。目的是将专家们分散的意见、建议及经验判断通过整合使之数量化和

模型化，并以此为依据进行方案选择。层次分析法的基本原理是要将构成复杂问题整体的所有因素和部分，按照其内在逻辑和联系分解成有秩序、有条理的不同级别和层次，再由专家学者对已经列出的同一层次的问题构成元素或指标内容，通过互相比较重要性的方法来逐级判断和评价，最后运用数理统计和计算的方法，按照层级依次描述问题构成要素或指标重要性的权值，即权重系数，进而得出总目标所包含的所有基础指标的重要性排列。❶ 在测量评价时，答案设计多采用李克特五点评分法，并将其评分视为顺序数据和定性指标，通过层次分析法进行分析，便可以将定性指标转化成更加精确化的等距数据和定量指标进行计算。

（二）评价指标权重系数确立的步骤

在进行层析分析法的过程中，最重要的部分是判断矩阵的建立。判断矩阵指的是相对上层的某个因素，本层次同类型同级别的评价指标两两相对重要性程度。假设 C 层第 k 个因素与下一层次 A 中元素 A_1，A_2，A_3，…，A_n 有关，我们可以构成如下判断矩阵（表2-16）。

表2-16 判断矩阵

C_k	A_1	A_2	…	A_n
A_1	a_{11}	a_{12}	…	a_{1n}
A_2	a_{21}	a_{22}	…	a_{2n}
⋮	⋮	⋮	⋮	⋮
A_n	a_{n1}	a_{n2}	…	a_{nn}

本书中的数值来源于问卷调查中的相对重要性均值，运用相对重要性均值的差确定其 Satty 标度值（含义见表2-17），假设 a_i 和 a_j 分别是第 i 个因素和第 j 个因素的相对重要性值均值，$D=a_i-a_j$，则具体标准如下。

当 $D=0$ 时，则二者同等重要，Satty 标度值等于1；

当 $0.15<D\leq0.30$ 时，则第 i 个因素比第 j 个因素稍微重要，Satty 标度值等于3；

当 $0.45<D\leq0.60$ 时，则第 i 个因素比第 j 个因素明显重要，Satty 标度

---

❶ 王莲芬,许树柏.层次分析法引论[M].北京:中国人民大学出版社,1990:32.

值等于 5；

当 $0.75<D\leq0.90$ 时，则第 i 个因素比第 j 个因素强烈重要，Satty 标度值等于 7；

当 $0.90<D\leq1.05$ 时，则第 i 个因素比第 j 个因素极端重要，Satty 标度值等于 9（表 2-17）。

表 2-17 评价指标相对重要程度列

Satty 标度	含义
1	第 i 个因素和第 j 个因素同等重要
3	第 i 个因素比第 j 个因素稍微重要
5	第 i 个因素比第 j 个因素明显重要
7	第 i 个因素比第 j 个因素强烈重要
9	第 i 个因素比第 j 个因素极端重要
2, 4, 6, 8	表示两个相邻判断的中间值
倒数	相应的两次序交换比较的重要性

针对权重系数的运算，本书运用自动化统计产品和服务软件（statistical product and service software automatically，SPSSAU）中的 AHP 权重分析功能，采用和积法将所得的标度值依次列入判断矩阵就可以得到全日制教育硕士教学能力评价体系各级指标的权重系数。

通常来说，对于事物的评价与分析的过程，由于专家主观经验对于事物进行重要性评价，有时会造成指标的重要性排序不符合逻辑的情况。运用 SPSSAU 工具在进行 AHP 层次分析的计算过程中，需要进行一致性检验的分析：第一，在进行一致性检验的过程中，需要用到 CI 和 RI 这两个指标值；第二，在 SPSSAU 的计算中，CI 值已经计算得出，RI 值可以通过下方的表格进行查询（表 2-18）。

表 2-18 随机一致性 RI 一览

n 阶	3	4	5	6	7	8	9	10	11	12	13
RI 值	0.52	0.89	1.12	1.26	1.36	1.41	1.46	1.49	1.52	1.54	1.56

一致性，可用一致性指标 CI 表示，CI 值越大，说明判断矩阵的一致程度越小；CI 值越小，说明判断矩阵的一致程度越大。目前学术界认为，当 CI<0.10 时，判断逻辑并无混乱和矛盾，这时计算出的各项权重系数是可以接受的。此外，还需要通过判断矩阵平均随机一致性指标 RI 计算随机一致性比率 CR，只有当 CR<0.10 时，培养质量评价指标的判断矩阵才具有满意的一致性。[1]

二、评价指标权重系数的计算

本书通过 SPSSAU、Excel 软件，分别对于一级指标、二级指标、三级指标进行运算。先通过 Excel 软件计算出各级指标的重要性均值，并通过层次分析法得到标度，再将所得标度填入 SPSSAU 进行 AHP 权重分析计算，最后通过一致性检验，获得满意的全日制教育硕士教学能力评价体系指标权重。具体运算过程如下。

（一）一级权重系数计算

全日制教育硕士教学能力评价体系由两个一级指标构成，分别是：教学实践能力和教学反思与研究能力。一级指标的相对重要性均值分别为 4.98 和 4.82。并将相对重要性均值转换成标度带入判断矩阵（表 2-19）。

表 2-19 一级评价指标判断矩阵

评价指标体系	教学实践能力	教学反思与研究能力
教学实践能力	1.00	3.00
教学反思与研究能力	0.33	1.00

AHP 权重计算是计算矩阵每行相对重要性标度之积的人数次方根后，再运用归一化计算指标权重系数，通过 SPSSAU 中的 AHP 权重计算，运用和积法计算得到权重系数（表 2-20）。

---

[1] 黄春霞. 军队医学科研型硕士研究生培养质量评价指标体系的研究[D]. 重庆：第三军医大学，2007.

表 2-20　一级评价指标权重系数

教学能力	权重值
教学实践能力	75.00
教学反思与研究能力	25.00

为了检验全日制教育硕士教学能力权重系数的一致性,需要计算出其一致性指标 CI 和一致性比率 CR 及其最大特征根。在 SPSSAU 中可以得知,对其权重系数检验(表 2-21)。

表 2-21　一级评价指标体系一致性检验

最大特征根	CI 值	RI 值	CR 值	一致性检验结果
2.00	0.00	0.00	0.00	通过

如表 2-21 所示,当最大特征根为 2.00,查随机一致性 RI 表可得,当阶数为 2,即指标有两个时,无须进行一致性检验。排序的结果有重要的一致性,所得的权重系数可以运用于全日制教育硕士教学能力指标体系。

(二) 二级权重系数计算

按照一级权重系数的计算过程,先通过重要性均值得到 Satty 标度。再将标度带入判断矩阵中即可得到指标的权重系数。二级指标系数的计算和检验过程与一级指标系数相同。

1. 教学实践能力

教学实践能力的二级指标分别是教学基本功、教学设计能力、教学实施能力和教学评价和创新能力。其重要性均值分别为:4.72、4.87、4.89 和 4.54。根据 Satty 标度确定方法,构建教学实践能力判断矩阵(表 2-22)。

表 2-22　教学实践能力判断矩阵

教学实践能力	教学基本功	教学设计能力	教学实施能力	教学评价和创新能力
教学基本功	1.00	0.33	0.33	3.00
教学设计能力	3.00	1.00	0.50	4.00
教学实施能力	3.00	2.00	1.00	4.00
教学评价和创新能力	0.33	0.25	0.25	1.00

计算教学实践能力判断矩阵每行相对重要性标度之积的人数次方根后，再运用归一化计算指标权重数，本书通过 SPSSAU 中的 AHP 权重计算得到权重系数（表2-23）。

表2-23 教学实践能力权重系数

教学实践能力	权重值
教学基本功	15.99
教学设计能力	31.54
教学实施能力	44.51
教学评价和创新能力	7.96

为了检验全日制教育硕士教学实践能力评价系数的一致性，需要计算出其一致性指标 CI 和一致性比率 CR 及其最大特征根。在 SPSSAU 中对其权重系数检验，一致性检验结果通过（表2-24）。

表2-24 教学实践能力一致性检验结果

最大特征根	CI 值	RI 值	CR 值	一致性检验结果
4.14	0.05	0.89	0.06	通过

如表2-24所示，当最大特征根为4.14，查随机一致性 RI 表可得，当阶数为4，RI 值等于0.89。可以求得 CI = 0.05<0.10，CR = 0.05<0.10。当 CI 和 CR 小于0.10时，认为判断矩阵的一致性是可以接受的，否则认为判断矩阵的一致性较差，不符合评判原则，应重新构造判断矩阵。❶ 由此可知，排序的结果有重要的一致性，所得的权重系数可以运用于全日制教育硕士教学能力指标体系。

2. 教学反思与研究能力

教学反思与研究能力的二级指标分别是教学反思能力与教学研究能力，其重要性均值分别为4.71和4.69。根据 Satty 标度确定方法，构建教学反思与研究能力判断矩阵（表2-25）。

---

❶ 张剑. 全日制教育硕士培养质量评价指标体系的研究[D]. 沈阳:沈阳师范大学，2015.

第二章 全日制教育硕士教学能力评价的指标构建

表 2-25 教学反思与研究能力判断矩阵

教学反思与研究能力	教学反思能力	教学研究能力
教学反思能力	1.00	2.00
教学研究能力	0.50	1.00

计算教学反思与研究能力判断矩阵每行相对重要性标度之积的人数次方根后，再运用归一化计算指标权重数，本书通过 SPSSAU 中的 AHP 权重计算得到权重系数（表 2-26）。

表 2-26 教学反思与研究能力权重系数

教学反思与研究能力	权重值
教学反思能力	66.67
教学研究能力	33.33

为了检验全日制教育硕士教学反思与研究能力评价系数的一致性，需要计算出其一致性指标 CI 和一致性比率 CR 及其最大特征根。在 SPSSAU 中对其权重系数检验，一致性检验结果通过（表 2-27）。

表 2-27 教学反思与研究能力一致性检验

最大特征根	CI 值	RI 值	CR 值	一致性检验结果
2.00	0.00	0.00	0.00	通过

如表 2-27 所示，当最大特征根为 2.00，查随机一致性 RI 表格可得，当阶数为 2，即指标有两个时，无须进行一致性检验。排序的结果有重要的一致性，所得的权重系数可以运用于全日制教育硕士教学能力指标体系。

（三）三级权重系数计算

同一级权重系数与二级权重系数的计算过程相同，先通过重要性均值得到 Satty 标度，再根据 Satty 标度确定方法，构建三级权重系数判断矩阵。

1. 教学基本功

教学基本功的三级指标分别为口语表达能力、板书书写能力、信息技术应用能力，其重要性均值分别为 4.90、4.27、4.33。根据 Satty 标度确定

· 31 ·

方法，构建教学基本功判断矩阵（表2-28）。

表2-28　教学基本功判断矩阵

教学基本功	口语表达能力	板书书写能力	信息技术应用能力
口语表达能力	1.00	6.00	5.00
板书书写能力	0.17	1.00	0.50
信息技术应用能力	0.20	2.00	1.00

计算基本功判断矩阵每行相对重要性标度之积的人数次方根后，再运用归一化计算指标权重数，本书通过 SPSSAU 中的 AHP 权重计算得到权重系数（表2-29）。

表2-29　教学基本功权重

教学基本功	权重值
口语表达能力	72.25
板书书写能力	10.33
信息技术应用能力	17.41

为了检验全日制教育硕士教学基本功评价系数的一致性，需要计算出其一致性指标 CI 和一致性比率 CR 及其最大特征根。在 SPSSAU 中可以得知，对其权重系数检验，一致性检验结果通过（表2-30）。

表2-30　教学基本功一致性检验

最大特征根	CI 值	RI 值	CR 值	一致性检验结果
3.03	0.02	0.52	0.03	通过

如表2-30所示，当最大特征根为3.03，查随机一致性 RI 表可得，当阶数为3，RI 值等于 0.52。可以求得 CI = 0.02 < 0.10，CR = 0.03 < 0.10。

由此可知，排序的结果有重要的一致性，所得的权重系数可以运用于全日制教育硕士教学能力指标体系。

2. 教学设计能力

教学设计能力的三级指标有课程标准分析能力、教材分析能力、学情分析能力、教学目标拟定能力、教学过程设计能力、教学策略设计能力、教学资源及教具筛选能力，其重要性均值分别为：4.75、4.98、4.77、4.73、4.60、4.65和4.31。根据Satty标度确定方法，构建教学设计能力判断矩阵（表2-31）。

表2-31　教学设计能力判断矩阵

教学设计能力	课程标准分析能力	教材分析能力	学情分析能力	教学目标拟定能力	教学过程设计能力	教学策略设计能力	教学资源及教具筛选能力
课程标准分析能力	1.00	0.33	0.50	2.00	3.00	2.00	4.00
教材分析能力	3.00	1.00	3.00	3.00	4.00	4.00	6.00
学情分析能力	2.00	0.33	1.00	2.00	3.00	2.00	5.00
教学目标拟定能力	0.50	0.33	0.50	1.00	2.00	2.00	4.00
教学过程设计能力	0.33	0.25	0.33	0.50	1.00	0.50	3.00
教学策略设计能力	0.50	0.25	0.50	0.50	2.00	1.00	4.00
教学资源及教具筛选能力	0.25	0.17	0.20	0.25	0.33	0.25	1.00

计算教学设计能力判断矩阵每行相对重要性标度之积的人数次方根后，再运用归一化算指标权重数，本书通过SPSSAU中的AHP权重计算得到权重系数（表2-32）。

表2-32　教学设计能力权重

教学设计能力	权重值
课程标准分析能力	15.29
教材分析能力	34.51

续表

教学设计能力	权重值
学情分析能力	18.88
教学目标拟定能力	11.87
教学过程设计能力	6.66
教学策略设计能力	9.43
教学资源及教具筛选能力	3.37

为了检验全日制教育硕士教学设计能力评价系数的一致性,需要计算出其一致性指标CI和一致性比率CR及其最大特征根。在SPSSAU中可以得知,对其权重系数检验,一致性检验结果通过(表2-33)。

表2-33 教学设计能力一致性检验

最大特征根	CI值	RI值	CR值	一致性检验结果
7.29	0.05	1.36	0.04	通过

如表2-33所示,当最大特征根为7.29,查随机一致性RI表可得,当阶数为7,RI值等于1.36。可以求得CI=0.05<0.10,CR=0.04<0.10。

由此可知,排序的结果有重要的一致性,所得的权重系数可以运用于全日制教育硕士教学能力指标体系。

3. 教学实施能力

教学实施能力的三级指标有创设情境能力、组织教学能力、学习指导能力和教学生成能力,其重要性均值分别为:4.59、4.84、4.77和4.66。根据Satty标度确定方法,构建教学实施能力判断矩阵(表2-34)。

表2-34 教学实施能力判断矩阵

教学实施能力	创设情境能力	组织教学能力	学习指导能力	教学生成能力
创设情境能力	1.00	0.33	0.33	0.50
组织教学能力	3.00	1.00	2.00	3.00
学习指导能力	3.00	0.50	1.00	2.00
教学生成能力	2.00	0.33	0.50	1.00

计算教学实施能力判断矩阵每行相对重要性标度之积的人数次方根后，再运用归一化算指标权重数，本书通过 SPSSAU 中的 AHP 权重计算得到权重系数（表2-35）。

表 2-35　教学实施能力权重

教学实施能力	权重值
创设情境能力	10.72
组织教学能力	44.45
学习指导能力	28.32
教学生成能力	16.51

为了检验全日制教育硕士教学实施能力评价系数的一致性，需要计算出其一致性指标 CI 和一致性比率 CR 及其最大特征根。在 SPSSAU 中可以得知，对其权重系数检验，一致性检验结果通过（表2-36）。

表 2-36　教学实施能力一致性检验

最大特征根	CI 值	RI 值	CR 值	一致性检验结果
4.07	0.02	0.89	0.03	通过

如表 2-36 所示，当最大特征根为 4.07，查随机一致性 RI 表格可得，当阶数为 4，RI 值等于 0.89。可以求得 CI=0.02<0.10，CR=0.03<0.10。

由此可知，排序的结果有重要的一致性，所得的权重系数可以运用于全日制教育硕士教学能力指标体系。

4. 教学评价和创新能力

教学评价和创新能力的三级指标有教学评价能力和教学创新能力，其重要性均值分别为 4.60 和 4.54。根据 Satty 标度确定方法，构建教学评价和创新能力判断矩阵（表2-37）。

表 2-37　教学评价和创新能力判断矩阵

教学评价和创新能力	教学评价能力	教学创新能力
教学评价能力	1.00	2.00

续表

教学评价和创新能力	教学评价能力	教学创新能力
教学创新能力	0.50	1.00

计算教学评价和创新能力判断矩阵每行相对重要性标度之积的人数次方根后,再运用归一化算指标权重数,本书通过SPSSAU中的AHP权重计算得到权重系数(表2-38)。

表2-38　教学评价和创新能力权重

教学评价和创新能力	权重值
教学评价能力	66.67
教学创新能力	33.33

为了检验全日制教育硕士教学评价和创新能力评价系数的一致性,需要计算出其一致性指标CI和一致性比率CR及其最大特征根。在SPSSAU中可以得知,对其权重系数检验,一致性检验结果通过(表2-39)。

表2-39　教学评价和创新能力一致性检验

最大特征根	CI值	RI值	CR值	一致性检验结果
2.00	0.00	0.00	0.00	通过

如表2-39所示,当最大特征根为2.00,查随机一致性RI表可得,当阶数为2,即指标有两个时,无须进行一致性检验。排序的结果有重要的一致性,所得的权重系数可以运用于全日制教育硕士教学能力指标体系。

5. 教学反思能力

教学反思能力的三级指标有自我诊断能力和自我改进能力,其重要性均值分别为4.81和4.77。根据Satty标度确定方法,构建教学反思能力判断矩阵(表2-40)。

第二章 全日制教育硕士教学能力评价的指标构建

表 2-40 教学反思能力判断矩阵

教学反思能力	自我诊断能力	自我改进能力
自我诊断能力	1.00	2.00
自我改进能力	0.50	1.00

计算教学反思能力判断矩阵每行相对重要性标度之积的人数次方根后，再运用归一化算指标权重数，本书通过 SPSSAU 中的 AHP 权重计算得到权重系数（表 2-41）。

表 2-41 教学反思能力权重

教学反思能力	权重值
自我诊断能力	66.67
自我改进能力	33.33

为了检验全日制教育硕士教学反思能力评价系数的一致性，需要计算出其一致性指标 CI 和一致性比率 CR 及其最大特征根。在 SPSSAU 中可以得知，对其权重系数检验，一致性检验结果通过（表 2-42）。

表 2-42 教学反思能力一致性检验

最大特征根	CI 值	RI 值	CR 值	一致性检验结果
2.00	0.00	0.00	0.00	通过

如表 2-42 所示，当最大特征根为 2.00，查随机一致性 RI 表可得，当阶数为 2，即指标有两个时，无须进行一致性检验。排序的结果有重要的一致性，所得的权重系数可以运用于全日制教育硕士教学能力指标体系。

6. 教学研究能力

教学研究能力的三级指标有问题提出能力、问题处理能力和成果应用能力，其重要性均值分别为 4.77、4.83 和 4.81。根据 Satty 标度确定方法，构建教学研究能力判断矩阵（表 2-43）。

表 2-43　教学研究能力判断矩阵

教学研究能力	问题提出能力	问题处理能力	成果应用能力
问题提出能力	1.00	0.50	0.50
问题处理能力	2.00	1.00	2.00
成果应用能力	2.00	0.50	1.00

计算教学研究能力判断矩阵每行相对重要性标度之积的人数次方根后，再运用归一化算指标权重数，本书通过 SPSSAU 中的 AHP 权重计算得到权重系数（表 2-44）。

表 2-44　教学研究能力权重

教学研究能力	权重值
问题提出能力	19.76
问题处理能力	49.05
成果应用能力	31.19

为了检验全日制教育硕士教学研究能力评价系数的一致性，需要计算出其一致性指标 CI 和一致性比率 CR 及其最大特征根。在 SPSSAU 中可以得知，对其权重系数检验，一致性检验结果通过（表 2-45）。

表 2-45　教学研究能力一致性检验

最大特征根	CI 值	RI 值	CR 值	一致性检验结果
3.05	0.03	0.52	0.05	通过

如表 2-45 所示，当最大特征根为 3.05，查随机一致性 RI 表可得，当阶数为 3，RI 值等于 0.52。可以求得 CI=0.03<0.10，CR=0.05<0.10。

由此可知，排序的结果有重要的一致性，所得的权重系数可以运用于全日制教育硕士教学能力指标体系。

（四）组合权重系数的计算

组合权重指的是将各级权重系数由下向上依次相乘，表示该项评价指标在指标体系中的重要程度。假设 W_1、W_2、W_3 分别是一级、二级和三级评价指标的重要程度，W_{12}、W_{123} 分别是二级指标组合权重系数和三级指标组合权重系数，那么可以得到：$W_{123} = W_1 \times W_2 \times W_3$，$W_{12} = W_1 \times W_2$。教育硕士教学能力评价组合权重体系的权重系数见表2-46。

表2-46 教学能力评价组合权重体系的权重系数

序号	指标	一级指标权重系数	二级指标权重系数	三级指标权重系数	组合权重系数
A	教学实践能力	0.75			0.75
A-1	教学基本功		0.16		0.12
A-1-1	口语表达能力			0.72	0.09
A-1-2	板书书写能力			0.10	0.01
A-1-3	信息技术应用能力			0.17	0.02
A-2	教学设计能力		0.32		0.24
A-2-1	课程标准分析能力			0.15	0.04
A-2-2	教材分析能力			0.35	0.08
A-2-3	学情分析能力			0.19	0.04
A-2-4	教学目标拟定能力			0.12	0.03
A-2-5	教学过程设计能力			0.07	0.02
A-2-6	教学策略设计能力			0.09	0.02
A-2-7	教学资源及教具筛选能力			0.03	0.01
A-3	教学实施能力		0.45		0.33
A-3-1	创设情境能力			0.11	0.04
A-3-2	组织教学能力			0.44	0.15
A-3-3	学习指导能力			0.28	0.09
A-3-4	教学生成能力			0.17	0.06
A-4	教学评价和创新能力		0.08		0.06
A-4-1	教学评价能力			0.67	0.04
A-4-2	教学创新能力			0.33	0.02
B	教学反思与研究能力	0.25			0.25
B-1	教学反思能力		0.67		0.17
B-1-1	自我诊断能力			0.67	0.11

续表

序号	指标	一级指标权重系数	二级指标权重系数	三级指标权重系数	组合权重系数
B-1-2	自我改进能力			0.33	0.06
B-2	教学研究能力		0.33		0.08
B-2-1	问题提出能力			0.20	0.02
B-2-2	问题处理能力			0.49	0.04
B-2-3	成果应用能力			0.31	0.03

第三章

教育硕士培养及测评调查概况

第一节　教育硕士培养概况

一、全国教育硕士培养院校概况

截至 2022 年 10 月 4 日，按照教育部公布的 15 批次教育硕士招生院校进行统计，全国共有 190 所教育硕士研究生招生院校。[1] 对 190 所招生院校按照不同隶属层次、不同类型、不同城市、不同地区、不同审批批次进行统计，具体情况见表 3-1~表 3-5。

表 3-1　不同隶属层次高校分布统计

隶属层次	院校数/家	百分比/%
部属	29	15.3
非部属	161	84.7
总计	190	100.0

---

[1] 全国教育专业学位教育指导委员会. 教育专业学位教育概况 [EB/OL]. (2022-11-25) [2022-12-18]. http://edm.eduwest.com//viewnews.jsp?id=41.

表 3-2　不同类型高校分布统计

类型	院校数/家	百分比/%
师范类	66	34.7
非师范类	124	65.3
总计	190	100.0

表 3-3　不同城市高校分布统计

城市	院校数/家	百分比/%
直辖市、省会城市（自治区首府）	99	52.1
其他城市	91	47.9
总计	190	100.0

表 3-4　不同地区高校分布统计

地区	院校数/家	百分比/%
华东	53	27.9
华南	16	8.4
华中	30	15.8
华北	25	13.1
西南	22	11.6
西北	22	11.6
东北	22	11.6
总计	190	100.0

表 3-5 不同审批批次高校分布统计

审批批次	院校数/家	百分比/%
第一批	16	8.4
第二批	13	6.9
第三批	12	6.3
第四批	8	4.2
第五批	7	3.7
第六批	14	7.4
第七批	7	3.7
第八批	5	2.6
第九批	45	23.7
第十批	7	3.7
第十一批	24	12.6
第十二批	3	1.6
第十三批	4	2.1
第十四批	20	10.5
第十五批	5	2.6
总计	190	100.0

二、全国教育硕士研究生概况

（一）总体概况

全国教育硕士现有教育管理、学科教学、现代教育技术、小学教育、科学技术教育、心理健康教育、学前教育、特殊教育、职业技术教育9个专业，涉及20个领域。截至2022年，累计录取各类教育硕士研究生54万余人。截至2021年年底，各类教育硕士获得学位人数达到近32万人。攻读类型包括全日制和非全日制两种基本形式，其中非全日制在职攻读教育硕士专业学位，还包括农村学校教师、特岗教师和"免费师范教育生"在职攻读教育硕士专业学位多种形式。另外，在多样化的形式内，还包括不同项目类型，如中国科学技术协会与教育部的合作项目，在6所院校借助"科学与技术教育"专业开展科普方向教育硕士的培养工作；此外在7所院校开展"服务国家特殊需求"人才培养项目(本科院校开展教育硕士研究生培养工作),教育专业学位教育呈现开放、立体(分层)、多元化的发展态势。❶

(二) 2020—2022年全国教育硕士研究生录取概况

据全国教指委统计,2020—2022年全国教育硕士研究生录取总人数为138 810人。按照不同隶属层次、不同类型、不同城市、不同地区、不同审批批次进行统计,具体情况见表3-6~表3-10。

表3-6 不同隶属层次高校录取人数分布统计

隶属层次	2020年 人数/人	2020年 百分比/%	2021年 人数/人	2021年 百分比/%	2022年 人数/人	2022年 百分比/%
部属	10 560	24.2	9 867	21.9	11 236	22.5
非部属	33 086	75.8	35 280	78.1	38 781	77.5
合计	43 646	100.0	45 147	100.0	50 017	100.0

表3-7 不同类型高校录取人数分布统计

高校类型	2020年 人数/人	2020年 百分比/%	2021年 人数/人	2021年 百分比/%	2022年 人数/人	2022年 百分比/%
师范类	28 137	64.5	30 095	66.7	32 446	64.9
非师范类	15 509	35.5	15 052	33.3	17 571	35.1
总计	43 646	100.0	45 147	100.0	50 017	100.0

表3-8 不同城市高校录取人数分布统计

城市	2020年 人数/人	2020年 百分比/%	2021年 人数/人	2021年 百分比/%	2022年 人数/人	2022年 百分比/%
直辖市、省会城市(自治区首府)	26 381	61.6	28 252	60.4	29 696	59.4

---

❶ 全国教育专业学位教育指导委员会. 教育专业学位教育概况[EB/OL]. (2022-11-25)[2022-12-18]. http://edm.eduwest.com/viewnews.jsp?id=41.

续表

城市	2020年 人数/人	2020年 百分比/%	2021年 人数/人	2021年 百分比/%	2022年 人数/人	2022年 百分比/%
其他城市	17 265	38.4	16 895	39.6	20 321	40.6
总计	43 646	100.0	45 147	100.0	50 017	100.0

表3-9 不同地区高校录取人数分布统计

地区	2020年 人数/人	2020年 百分比/%	2021年 人数/人	2021年 百分比/%	2022年 人数/人	2022年 百分比/%
华东	11 241	25.8	12 064	26.7	13 326	26.7
华南	3 997	9.2	4 146	9.2	4 946	9.9
华中	6 477	14.8	6 366	14.1	7 407	14.8
华北	4 291	9.8	4 303	9.5	4 804	9.6
西南	6 818	15.6	6 664	14.8	7 561	15.1
西北	5 542	12.7	6 005	13.3	6 363	12.7
东北	5 280	12.1	5 599	12.4	5 610	11.2
总计	43 646	100.0	45 147	100.0	50 017	100.0

表3-10 不同审批批次高校录取人数分布统计

审批批次	2020年 人数/人	2020年 百分比/%	2021年 人数/人	2021年 百分比/%	2022年 人数/人	2022年 百分比/%
第一批	15 510	35.5	15 496	34.3	16 594	33.5
第二批	6 094	14.0	6 260	13.9	6 840	13.8
第三批	5 191	11.9	5 430	12.0	5 979	12.1
第四批	3 354	7.7	3 190	7.1	3 440	7.0
第五批	1 277	3.0	1 416	3.1	1 578	3.2
第六批	3 345	7.7	3 482	7.8	3 976	8.0
第七批	451	1.0	445	1.0	638	1.3
第八批	1 173	2.7	1 501	3.3	1 109	2.2
第九批	5 529	12.6	5 960	13.2	6 617	13.4

续表

审批批次	2020年 人数/人	2020年 百分比/%	2021年 人数/人	2021年 百分比/%	2022年 人数/人	2022年 百分比/%
第十批	491	1.1	335	0.7	450	0.9
第十一批	1 231	2.8	1 484	3.3	1 782	3.6
第十二批			148	0.3	239	0.5
第十三批					212	0.4
第十四批					33	0.1
总计	43 646	100.0	45 147	100.0	49 487	100.0

（三）2020—2021年全国教育硕士研究生毕业概况

据全国教指委统计，2020—2021年全国教育硕士研究生毕业总人数为65 430人。按照不同隶属层次、不同类型、不同城市、不同地区、不同审批批次进行统计，具体情况见表3-11~表3-15。

表3-11 不同隶属层次高校录取人数分布统计

隶属层次	2020年 人数/人	2020年 百分比/%	2021年 人数/人	2021年 百分比/%
部属	8 513	25.6	8 157	25.4
非部属	24 800	74.4	23 960	74.6
总计	33 313	100.0	32 117	100.0

表3-12 不同类型高校毕业人数分布统计

高校类型	2020年 人数/人	2020年 百分比/%	2021年 人数/人	2021年 百分比/%
师范类	23 218	69.7	22 064	68.7
非师范类	10 095	30.3	10 053	31.3
总计	33 313	100.0	32 117	100.0

表 3-13 不同城市高校毕业人数分布统计

城市	2020 年		2021 年	
	人数/人	百分比/%	人数/人	百分比/%
直辖市、省会城市（自治区首府）	22 159	66.5	20 993	65.4
其他城市	11 154	33.5	11 124	34.6
总计	33 313	100.0	32 117	100.0

表 3-14 不同地区高校毕业人数分布统计

地区	2020 年		2021 年	
	人数/人	百分比/%	人数/人	百分比/%
华东	8 847	26.6	8 505	26.5
华南	2 948	8.8	2 789	8.7
华中	4 685	14.1	4 853	15.1
华北	4 282	12.9	3 832	12.0
西南	4 710	14.1	4 354	13.5
西北	3 746	11.2	3 621	11.2
东北	4 095	12.3	4 163	13.0
总计	33 313	100.0	32 117	100.0

表 3-15 不同审批批次高校毕业人数分布统计

审批批次	2020 年		2021 年	
	人数/人	百分比/%	人数/人	百分比/%
第一批	13 118	39.4	12 783	39.8
第二批	5 840	17.5	5 257	16.4
第三批	4 115	12.4	3 615	11.3
第四批	2 487	7.5	2 658	8.3
第五批	1 271	3.8	1 057	3.3

续表

审批批次	2020 年 人数/人	百分比/%	2021 年 人数/人	百分比/%
第六批	1 904	5.7	1 931	6.0
第七批	376	1.1	381	1.2
第八批	663	2.0	553	1.7
第九批	3 271	9.8	3 224	10.0
第十批	221	0.7	332	1.0
第十一批	47	0.1	326	1.0
总计	33 313	100.0	32 117	100.0

第二节　调查概况

一、调查设计

（一）调查目的

2021年3月11日《中华人民共和国国民经济和社会发展第十四个五年规划和2035年远景目标纲要》正式出台，明确提出"建设高素质专业化教师队伍"，可见教师教育专业化标准是教师队伍建设的重要保障。教育硕士研究生作为未来教师预备军，其教学能力水平的高低直接影响着基础教育和中职师资队伍的整体质量。因此，以深化新时代教育评价改革为引领，对教育硕士研究生教学能力评价进行研究，既符合教育部2020年9月颁布的《教育类研究生和公费师范生免试认定中小学教师资格改革实施方案》中提出的实施教育类研究生免试认定教师资格方案的要求，又服务于国家建立标准化工作的战略需求。本书主要对我国全日制教育硕士教学能力的现状进行调查，通过对教学能力整体状况、各维度的现状，以及影响因素的相关性、差异性分析，总结出全日制教育硕士教学能力存在的问题，进一步通过访谈探讨造成问题的原因，依据现存问题及原因提出相应策略，从而为全国教指委及教育硕士各培养院校提供一手数据和决策参考。

第三章 教育硕士培养及测评调查概况

(二) 调查问卷的设计

调查问卷是依据专家咨询所确定的教学能力评价指标体系自编而成，主要围绕个人基本情况、教学能力总体评价、教学能力评价量表、影响教学能力的因素及提升策略五部分内容，设计了两份问卷，即教师卷和学生卷，教师卷的调查对象包括理论导师、实践导师、任课教师和管理者四类群体，学生卷包括在校生和毕业生两类群体。调查问卷的重点在于教学能力评价量表，其指标体系见表3-16。

表3-16 全日制教育硕士教学能力评价指标体系

一级指标	二级指标	三级指标
教学实践能力	教学基本功	口语表达能力
		板书书写能力
		信息技术应用能力
	教学设计能力	课程标准分析能力
		教材分析能力
		学情分析能力
		教学目标拟定能力
		教学过程设计能力
		教学策略设计能力
		教学资源及教具筛选能力
	教学实施能力	创设情境能力
		组织教学能力
		学习指导能力
		教学生成能力
	教学评价和创新能力	教学评价能力
		教学创新能力
教学反思与研究能力	教学反思能力	自我诊断能力
		自我改进能力
	教学研究能力	问题提出能力
		问题处理能力
		成果应用能力

(三) 问卷调查的实施

此次问卷调查通过问卷星经过预测和正式调查两个阶段。预测阶段于 2022 年 11 月 1—3 日进行,把编制好的问卷星链接同时发给 20 名教师和 30 名同学进行试填,并收集反馈意见后再次修订问卷,最终形成定稿。正式调查阶段于 2022 年 11 月 6—12 日进行,调查采取全覆盖方式,即通过全国教指委秘书处对全国 190 所教育硕士培养院校工作群发放问卷星问卷链接,再由各校负责教师转发给教师和学生,两份问卷总体回收情况见表 3-17。

表 3-17 问卷回收情况一览

问卷类型	总分数	百分比/%
学生卷	31 085	73.1
教师卷	11 443	26.9
总计	42 528	100.0

对回收问卷的参与学校进行统计,参加教师卷调查的学校是 170 所,参与学生卷调查的学校是 177 所。按照不同隶属层次、不同类型、不同城市、不同地区、不同审批批次进行统计,具体情况见表 3-18~表 3-27,表明调查对象在各方面均具有较好的覆盖性与代表性。

表 3-18 参与教师卷调查的不同隶属层次高校分布统计

隶属层次	参与院校数/家	百分比/%	未参与院校数/家	百分比/%
部属	23	12.1	6	3.1
非部属	147	77.4	14	7.4
总计	170	89.5	20	10.5

表 3-19 参与学生卷调查的不同隶属层次高校分布统计

隶属层次	参与院校数/家	百分比/%	未参与院校数/家	百分比/%
部属	26	13.7	3	1.6
非部属	151	79.5	10	5.2
总计	177	93.2	13	6.8

表 3-20　参与教师卷调查的不同类型高校分布统计

类型	参与院校数/家	百分比/%	未参与院校数/家	百分比/%
师范类	64	33.7	2	1.0
非师范类	106	55.8	18	9.5
总计	170	89.5	20	10.5

表 3-21　参与学生卷调查的不同类型高校分布统计

类型	参与院校数/家	百分比/%	未参与院校数/家	百分比/%
师范类	64	33.7	2	1.0
非师范类	113	15.5	11	5.8
总计	177	93.2	13	6.8

表 3-22　参与教师卷调查的不同城市高校分布统计

城市	参与院校数/家	百分比/%	未参与院校数/家	百分比/%
直辖市、省会城市（自治区首府）	90	47.4	9	4.7
其他城市	80	42.1	11	5.8
总计	170	89.5	20	10.5

表 3-23　参与学生卷调查的不同城市高校分布统计

城市	参与院校数/家	百分比/%	未参与院校数/家	百分比/%
直辖市、省会城市（自治区首府）	91	47.9	8	4.2
其他城市	86	45.3	5	2.6
总计	177	93.2	13	6.8

表 3-24　参与教师卷调查的不同地区高校分布统计

地区	参与院校数/家	百分比/%	未参与院校数/家	百分比/%
华东	50	26.3	3	1.6
华南	13	6.8	3	1.6
华中	29	15.3	1	0.5
华北	23	12.1	2	1.1
西南	17	9.0	5	2.6
西北	18	9.5	4	2.1
东北	20	10.5	2	1.1
总计	170	89.5	20	10.5

表 3-25　参与学生卷调查的不同地区高校分布统计

地区	参与院校数/家	百分比/%	未参与院校数/家	百分比/%
华东	51	26.9	2	1.1
华南	13	6.8	3	1.6
华中	29	15.3	1	0.5
华北	23	12.1	2	1.1
西南	20	10.5	2	1.1
西北	21	11.1	1	0.5
东北	20	10.5	2	1.1
总计	177	93.2	13	6.8

表 3-26　参与教师卷调查的不同审批批次高校分布统计

审批批次	参与院校数/家	百分比/%	未参与院校/家	百分比/%
第一批	15	7.9	1	0.5
第二批	13	6.9	0	0.0
第三批	12	6.3	0	0.0
第四批	8	4.2	0	0.0
第五批	5	2.6	2	1.1

续表

审批批次	参与院校数/家	百分比/%	未参与院校/家	百分比/%
第六批	13	6.9	1	0.5
第七批	5	2.6	2	1.1
第八批	5	2.6	0	0.0
第九批	41	21.6	4	2.1
第十批	7	3.7	0	0.0
第十一批	19	10.0	5	2.6
第十二批	2	1.1	1	0.5
第十三批	4	2.1	0	0.0
第十四批	17	9.1	3	1.6
第十五批	4	2.1	1	0.5
总计	170	89.5	20	10.5

表3-27 参与学生卷调查的不同审批批次高校分布统计

审批批次	参与院校数/家	百分比/%	未参与院校/家	百分比/%
第一批	15	7.9	1	0.5
第二批	13	6.9	0	0.0
第三批	12	6.3	0	0.0
第四批	8	4.2	0	0.0
第五批	7	3.7	0	0.0
第六批	13	6.9	1	0.5
第七批	6	3.2	1	0.5
第八批	5	2.6	0	0.0
第九批	40	21.1	5	2.6
第十批	7	3.7	0	0.0
第十一批	20	10.5	4	2.1
第十二批	3	1.6	0	0.0
第十三批	3	1.6	1	0.5
第十四批	20	10.5	0	0.0

续表

审批批次	参与院校数/家	百分比/%	未参与院校/家	百分比/%
第十五批	5	2.6	0	0.0
总计	177	93.2	13	6.8

(四) 调查问卷的信度与效度

1. 信度分析

信度是指测验的可信度,主要体现测验结果的一致性与稳定性。一般来说,在心理测验、考试试卷、社会性问卷的有效性分析中都要涉及信度分析,适用于态度、意见等类型的量表题项。信度可视为测量结果受随机误差影响的程度,信度系数则是衡量测验好坏的重要指标。

本书采用的是目前最常用的克隆巴赫系数(Cronbach's Alpha),简称 α 信度系数。该系数作为衡量测验好坏的重要指标,在测验结果中系数越大则可信度越高;若低于0.6则表明量表需要重新设计。

本书通过SPSS 26.0数据分析软件对量表中的题项进行内部一致性分析。教师问卷中共31道题,其中第27题(教育硕士教学能力水平)为量表题。学生问卷中共46道题,其中第42题(教育硕士教学能力水平)为量表题。量表题均为李克特量表,包括6种程度指标,因此使用α信度系数检验内部一致性。教师卷评价程度α信度系数值为0.958,学生卷评价程度α信度系数值为0.964,说明两份问卷中的题项均具有高度的内部一致性,因此问卷在信度上可信,由此得到的调查数据结果可信。

2. 效度分析

效度又称有效性,是指测量工具能够测出被测变量的正确性的程度,是衡量综合评价体系是否能够准确反映评价目的和要求的方法。效度越高,说明测量结果与内容越契合,反之则效度越低。调查问卷常用的效度分析方法有单项与总和相关效度分析、准则效度分析和结构效度分析。其中,结构效度能够反映某种结构与测量值之间的对应程度,所采用的最理想的方法是利用因子分析测量量表或整个问卷的结构效度。本研究参考结构效度进行因子分析,发现教师卷足够度的 KMO=0.930>0.500,学生卷足够度的 KMO=0.936>0.500,经过巴特利特球度检验(Bartlett's TEST of Sphericity),学生卷和教师卷的 Sig. <0.05,说明两份问卷显著性较好,问卷数据适用因子分析,结构效度良好。

二、调查对象概况

(一) 教育硕士概况

1. 全日制教育硕士总体概况

对全日制教育硕士教学能力的学生卷调查,共回收教育硕士问卷31 085份,其中按在读高校或工作性质分为高校、基础教育和其他三类。三种类型的教育硕士具体人数分布情况见表3-28。

表3-28 按在读高校或工作性质的人数分布统计

在读或工作	人数/人	百分比/%
高校	24 405	78.5
基础教育	5 818	18.7
其他	862	2.8
合计	31 085	100.0

其中,属于高校教育硕士的24 405人中,按目前就读高校隶属层次划分为部属、省属和市属三个层次,按目前就读高校的院校类型划分为师范类和非师范类。三个层次和两种类型的教育硕士具体人数分布情况见表3-29和表3-30。

表3-29 不同隶属层次的高校人数分布统计

隶属层次	人数/人	百分比/%
部属	2 072	8.5
省属	18 136	74.3
市属	4 197	17.2
合计	24 405	100.0

表 3-30 按目前就读高校的院校类人数分布统计

院校类型	人数/人	百分比/%
师范类	17 133	70.2
非师范类	7 272	29.8
合计	24 405	100.0

按目前就读高校或工作单位所在城市类型划分为省会城市、直辖市和其他城市三类。三种类型的教育硕士具体人数分布情况见表 3-31。

表 3-31 按在读高校或工作单位所在城市类型人数分布统计

城市类型	人数/人	百分比/%
省会城市（自治区首府）	12 549	40.4
直辖市	3 957	12.7
其他城市	14 579	46.9
合计	31 085	100.0

按目前就读高校或工作单位所在地区划分为华东、华南、华中、华北、西南、西北、东北七类。七类地区的教育硕士具体人数分布情况见表 3-32。

表 3-32 按目前就读高校或工作单位所在地区人数分布统计

所在地区	人数/人	百分比/%
华东	5 070	16.3
华南	4 268	13.7
华中	5 463	17.6
华北	4 049	13.0
西南	3 638	11.7
西北	4 038	13.0
东北	4 559	14.7
合计	31 085	100.0

按教育硕士所学专业划分为小学教育、教育管理、心理健康教育、现代教育技术、特殊教育、职业技术教育、科学技术教育、学前教育、学科

教学·语文、学科教学·数学、学科教学·英语、学科教学·物理、学科教学·化学、学科教学·生物、学科教学·思政、学科教学·历史、学科教学·地理、学科教学·体育、学科教学·音乐和学科教学·美术 20 个专业方向。20 个专业方向的教育硕士具体人数分布情况见表 3-33。

表 3-33 按教育硕士所学专业人数分布统计

所学专业	人数/人	百分比/%
小学教育	2 726	8.8
教育管理	1 396	4.5
心理健康教育	1 650	5.3
现代教育技术	1 231	4.0
特殊教育	193	0.6
职业技术教育	1 272	4.1
科学技术教育	169	0.5
学前教育	1 516	4.9
学科教学·语文	3 765	12.1
学科教学·数学	2 393	7.7
学科教学·英语	4 832	15.5
学科教学·物理	1 005	3.2
学科教学·化学	1 244	4.0
学科教学·生物	1 565	5.0
学科教学·思政	2 254	7.3
学科教学·历史	1 564	5.0
学科教学·地理	1 133	3.6
学科教学·体育	358	1.2
学科教学·音乐	437	1.4
学科教学·美术	382	1.2
合计	31 085	100.0

按教育硕士类型划分为毕业生和在校生,两种类型的教育硕士具体人数分布情况见表 3-34。

表 3-34　不同类型教育硕士人数分布统计

教育硕士类型	人数/人	百分比/%
毕业生	9 451	30.4
在校生	21 634	69.6
合计	31 085	100.0

按读研前是否取得教师资格证、是否有过从教经历、对中小学幼儿园教师专业标准了解程度、是否可以胜任基础教育教学工作、现有学习年限是否对教学能力提升有影响进行统计,教育硕士具体人数分布情况见表 3-35~表 3-39。

表 3-35　读研前是否取得教师资格证人数分布统计

读研前是否取得教师资格证	人数/人	百分比/%
是	24 597	79.1
否	6 488	20.9
合计	31 085	100.0

表 3-36　读研前是否有过从教经历人数分布统计

读研前是否有过从教经历	人数/人	百分比/%
是	13 602	43.8
否	17 483	56.2
合计	31 085	100.0

表 3-37　对中小学幼儿园教师专业标准了解程度人数分布统计

对中小学幼儿园教师专业标准了解程度	人数/人	百分比/%
很了解	2 825	9.1

续表

对中小学幼儿园教师专业标准了解程度	人数/人	百分比/%
了解	8 773	28.2
一般	14 888	47.9
不了解	3 334	10.7
很不了解	1 265	4.1
合计	31 085	100.0

表 3-38 是否可以胜任基础教育教学工作人数分布统计

是否可以胜任基础教育教学工作	人数/人	百分比/%
是	28 737	92.4
否	2 348	7.6
合计	31 085	100.0

表 3-39 现有学习年限是否对教学能力提升有影响人数分布统计

现有学习年限是否对教学能力提升有影响	人数/人	百分比/%
是	25 018	80.5
否	6 067	19.5
合计	31 085	100.0

其中，在认为现有学习年限对教学能力提升有影响的 25 018 人中，按照合理年限进行统计，具体人数分布情况见表 3-40。

表 3-40 全日制教育硕士研究生合理年限人数分布统计

全日制教育硕士研究生合理年限	人数/人	百分比/%
2.5 年	14 227	56.9
3 年	10 791	43.1
合计	25 018	100.0

按全日制教育硕士研究生参加的见习/研习/实习学校进行统计，具体人次分布情况见表 3-41。

表 3-41　参加见习/研习/实习学校人次分布统计

项目		响应		个案百分比/%
		个案数	百分比/%	
见习/研习/实习学校①	幼儿园	2 133	5.5	6.9
	小学	6 772	17.5	21.8
	初中	11 453	29.7	36.8
	高中	14 496	37.5	46.6
	中职学校	2 136	5.5	6.9
	其他	1 637	4.2	5.3
总计		38 627	100.0	124.3

注：使用了值 1 对二分组进行制表。
① 参与见习/研习/实习的全日制教育硕士人数有交叉，故总计大于实际人数。

2. 全日制教育硕士毕业生概况

在毕业生的 9451 人中，按毕业年限、是否工作进行统计，毕业生人数具体分布情况见表 3-42 和表 3-43。

表 3-42　不同毕业年限的毕业生人数分布统计

毕业年限	人数/人	百分比/%
1 年以下	4632	49.0
1~2 年	2959	31.3
3~4 年	1304	13.8
5~6 年	332	3.5
7 年以上	224	2.4
合计	9451	100.0

表 3-43 毕业生是否工作人数分布统计

是否工作	人数/人	百分比/%
是	7185	76.0
否	2266	24.0
合计	9451	100.0

其中,在已工作毕业生的 7185 人中,按照现在从事的工作与读研时就读专业的相关性、对现有工作满意程度、在工作岗位上取得业绩的大小、就读期间所学知识对现有工作帮助程度、就读期间获得的能力对现有工作帮助程度、本科是否为师范类专业进行统计,具体人数分布情况见表3-44~表3-49。

表 3-44 毕业生从事工作与读研时就读专业相关性人数分布统计

从事工作与读研就读专业的相关性	人数/人	百分比/%
很相关	5156	71.8
比较相关	838	11.7
一般	611	8.5
比较不相关	248	3.5
很不相关	332	4.6
合计	7185	100.0

表 3-45 已工作毕业生对现有工作满意程度人数分布统计

对现有工作满意程度	人数/人	百分比/%
很满意	2302	32.0
满意	2712	37.7
一般	1818	25.3
不满意	222	3.1
很不满意	131	1.8
合计	7185	100.0

表 3-46　已工作毕业生按在工作岗位上取得的业绩人数分布统计

在工作岗位上取得的业绩	人数/人	百分比/%
很大	597	8.3
比较大	1533	21.3
一般	3811	53.0
不太大	914	12.7
完全没有	330	4.6
合计	7185	100.0

表 3-47　就读期间所学知识对现有工作帮助程度人数分布统计

就读期间所学的相关知识对现有工作的帮助程度	人数/人	百分比/%
很大	2334	32.5
比较大	2745	38.2
一般	1721	24.0
不大	300	4.2
无帮助	85	1.2
合计	7185	100.0

表 3-48　就读期间获得能力对现有工作帮助程度人数分布统计

就读期间获得的能力对现有工作帮助程度	人数/人	百分比/%
很大	2474	34.4
比较大	2691	37.5
一般	1747	24.3
不大	217	3.0
无帮助	56	0.8
合计	7185	100.0

表3-49 本科是否为师范类专业人数分布统计

本科是否为师范类专业	人数/人	百分比/%
是	4401	61.3
否	2784	38.7
合计	7185	100.0

(二) 教师概况

1. 教师总体概况

对全日制教育硕士教学能力的教师卷调查，共回收教师问卷11 443份，其中按所在学校或工作单位性质分为高校、基础教育和其他三类。三种类型的教师具体人数分布情况见表3-50。

表3-50 所在学校或单位性质人数分布统计

学校或单位性质	人数/人	百分比/%
高校	8 190	71.6
基础教育	3 054	26.7
其他	199	1.7
合计	11 443	100.0

其中，属于高校教师的8190人中，按高校隶属层次划分为部属、省属和市属三个层次，按院校类型划分为师范类和非师范类。三个层次和两种类型的教师具体人数分布情况见表3-51和表3-52。

表3-51 高校隶属层次人数分布统计

高校隶属层次	人数/人	百分比/%
部属	628	7.7
省属	6867	83.8
市属	695	8.5
合计	8190	100.0

表 3-52 院校类别人数分布统计

院校类别	人数/人	百分比/%
师范类	5756	70.3
非师范类	2434	29.7
合计	8190	100.0

按学校或单位所在地区划分为华东、华南、华中、华北、西南、西北、东北七类。七类地区的教师具体人数分布情况见表 3-53。

表 3-53 学校或单位所在地区人数分布统计

学校或单位所在地区	人数/人	百分比/%
华东	2 502	21.9
华南	1 152	10.1
华中	1 836	16.0
华北	1 432	12.5
西南	1 186	10.4
西北	1 313	11.5
东北	2 022	17.7
合计	11 443	100.0

按学校或单位所在城市类型划分为省会城市、直辖市和其他城市三类。三种类型的教师具体人数分布情况见表 3-54。

表 3-54 学校或单位所在城市类型人数分布统计

学校或单位所在城市类型	人数/人	百分比/%
省会城市（自治区首府）	4 376	38.2
直辖市	830	7.3
其他城市	6 237	54.5
合计	11 443	100.0

按教师的年龄、学历、职称、工作年限进行统计，教师具体人数分布情况见表 3-55~表 3-58。

表 3-55 年龄人数分布统计

年龄	人数/人	百分比/%
35 岁及以下	1 498	13.1
36~45 岁	4 533	39.6
46~55 岁	4 303	37.6
56 岁及以上	1 109	9.7
合计	11 443	100.0

表 3-56 学历人数分布统计

学历	人数/人	百分比/%
博士研究生	4 896	42.8
硕士研究生	4 043	35.3
大学本科生及以下	2 504	21.9
合计	11 443	100.0

表 3-57 职称人数分布统计

职称	人数/人	百分比/%
正高级	3 050	26.7
副高级	5 952	52.0
中级及以下	2 441	21.3
合计	11 443	100.0

表 3-58 工作年限人数分布统计

工作年限	人数/人	百分比/%
0~10 年	2 221	19.4
11~20 年	3 389	29.6
21~30 年	3 618	31.6
30 年以上	2 215	19.4
合计	11 443	100.0

按教师所在教育硕士专业划分为小学教育、教育管理、心理健康教育、现代教育技术、特殊教育、职业技术教育、科学技术教育、学前教育、学科教学·语文、学科教学·数学、学科教学·英语、学科教学·物理、学科教学·化学、学科教学·生物、学科教学·思政、学科教学·历史、学科教学·地理、学科教学·体育、学科教学·音乐和学科教学·美术20个专业方向。20个专业方向的教师具体人数分布情况见表3-59。

表3-59 所在专业人数分布统计

所在专业	人数/人	百分比/%
小学教育	832	7.3
教育管理	518	4.5
心理健康教育	409	3.6
现代教育技术	386	3.4
特殊教育	39	0.3
职业技术教育	508	4.4
科学技术教育	64	0.6
学前教育	429	3.7
学科教学·语文	1 484	13.0
学科教学·数学	810	7.1
学科教学·英语	1 364	11.9
学科教学·物理	430	3.8
学科教学·化学	538	4.7
学科教学·生物	623	5.4
学科教学·思政	757	6.6
学科教学·历史	557	4.9
学科教学·地理	539	4.7
学科教学·体育	169	1.5
学科教学·音乐	300	2.6
学科教学·美术	232	2.0
其他	455	4.0
合计	11 443	100.0

按教师身份进行统计，具体人数分布情况见表3-60。

表3-60 教师身份人数分布统计

教师身份	人数/人	百分比/%
导师	3 661	32.0
导师和任课教师	4 414	38.6
导师和管理者	279	2.4
导师、任课教师和管理者	1 014	8.9
任课教师	1 328	11.6
管理者	466	4.1
任课教师、管理者	281	2.5
合计	11 443	100.0

按对教育硕士研究生培养目标了解程度进行统计，具体人数分布情况见表3-61。

表3-61 对教育硕士研究生培养目标了解程度人数分布统计

对教育硕士研究生培养目标了解程度	人数/人	百分比/%
很了解	5 014	43.8
了解	4 703	41.1
一般	1 581	13.8
不了解	85	0.7
很不了解	60	0.5
合计	11 443	100.0

2. 导师概况

具有导师身份的教师人数为9368人，按导师类型、担任导师年限、对教育硕士研究生导师职责的了解程度、对指导的全日制教育硕士研究生的了解程度、双导师间是否经常沟通合作进行统计，具体人数分布情况见表3-62~表3-66。

表 3-62 导师类型人数分布统计

导师类型	人数/人	百分比/%
理论导师	6777	72.3
实践导师	2591	27.7
合计	9368	100.0

表 3-63 担任导师年限人数分布统计

担任导师年限	人数/人	百分比/%
0~5 年	5595	59.7
6~10 年	2279	24.3
11~15 年	910	9.7
16~20 年	347	3.7
20 年以上	237	2.5
合计	9368	100.0

表 3-64 对教育硕士研究生导师职责了解程度人数分布统计

对教育硕士研究生导师职责了解程度	人数/人	百分比/%
很了解	4553	48.6
了解	3798	40.5
一般	956	10.2
不了解	38	0.4
很不了解	23	0.2
合计	9368	100.0

表 3-65 对指导的全日制教育硕士研究生了解程度人数分布统计

对指导的全日制教育硕士研究生了解程度	人数/人	百分比/%
很了解	3796	40.5
了解	3895	41.6
一般	1574	16.8

续表

对指导的全日制教育硕士研究生了解程度	人数/人	百分比/%
不了解	63	0.7
很不了解	40	0.4
合计	9368	100.0

表3-66 双导师间是否经常沟通合作人数分布统计

双导师间是否经常沟通合作	人数/人	百分比/%
是	7902	84.4
否	1466	15.6
合计	9368	100.0

其中，校内理论导师人数为6777人，按其是否具有教育学类相关专业背景、是否具有基础教育工作和研究经历进行统计，具体人数分布情况见表3-67和表3-68。

表3-67 是否具有教育学类相关专业背景人数分布统计

是否具有教育学类相关专业背景	人数/人	百分比/%
是	5410	79.8
否	1367	20.2
合计	6777	100.0

表3-68 是否具有基础教育工作和研究经历人数分布统计

是否具有基础教育工作和研究经历	人数/人	百分比/%
是	4528	66.8
否	2249	33.2
合计	6777	100.0

其中，实践导师人数为2591人，按其参与的教育硕士培养工作进行统计，具体人次分布情况见表3-69。

表 3-69　参与教育硕士培养工作人次分布统计

项目		响应		个案百分比/%
		人数/人	百分比/%	
实践导师参与的教育硕士培养工作①	教育硕士见习/研习/实习	2357	30.9	91.0
	教育硕士论文指导	1540	20.2	59.4
	教育硕士授课	774	10.2	29.9
	教育硕士论文开题、答辩、评审	1121	14.7	43.3
	教育硕士讲座	763	10.0	29.4
	教育硕士技能大赛等评委	543	7.1	21.0
	教育硕士培养方案研制	320	4.2	12.4
	理论导师的课题	163	2.1	6.3
	其他	44	0.6	1.7
总计		7625	100.0	294.3

注：值为1时制表的二分组。
①参与各项工作的实践导师人数有交叉，故总计大于实际人数。

3. 四类教师概况

在调查的11 443名教师中，由于一人可以同时隶属于不同的教师类型，因此按照理论导师、实践导师、任课教师和管理者四种类型进行统计，具体人数见表3-70。

表 3-70　四种类型教师分布统计

教师类型	人数/人	百分比/%
理论导师	6 777	37.3
实践导师	2 591	14.3
任课教师	6 756	37.2
管理者	2 040	11.2
总计	18 164	100.0

注：四类教师人数有交叉，故总计大于实际人数。

第四章

全日制教育硕士教学能力总体测评

第一节 教育硕士对教学能力总体测评

一、总体测评概况

（一）总体教学能力的测评

从不同教育硕士主体对全日制教育硕士总体教学能力测评的均值看，全体教育硕士的均值为3.32，在校生的均值为3.28，毕业生的均值为3.42（表4-1~表4-3）。

表4-1 全体教育硕士对总体教学能力的测评得分

项目	人数/人	均值	标准偏差
总体教学能力	31 085	3.32	0.673
有效个案数（成列）	31 085		

表 4-2　在校生对总体教学能力的测评得分

项目	人数/人	均值	标准偏差
总体教学能力	21 634	3.28	0.658
有效个案数（成列）	21 634		

表 4-3　毕业生对总体教学能力的测评得分

项目	人数/人	均值	标准偏差
总体教学能力	9451	3.42	0.695
有效个案数（成列）	9451		

（二）一级指标的测评

从不同教育硕士主体对全日制教育硕士教学实践能力测评的均值看，全体教育硕士的均值为 3.35，在校生的均值为 3.30，毕业生的均值为 3.46（表 4-4~表 4-6）。

表 4-4　全体教育硕士对教学实践能力的测评得分

项目	人数/人	均值	标准偏差
教学实践能力	31 085	3.35	0.681
有效个案数（成列）	31 085		

表 4-5　在校生对教学实践能力的测评得分

项目	人数/人	均值	标准偏差
教学实践能力	21 634	3.30	0.668
有效个案数（成列）	21 634		

表 4-6　毕业生对教学实践能力的测评得分

项目	人数/人	均值	标准偏差
教学实践能力	9451	3.46	0.697
有效个案数（成列）	9451		

从不同教育硕士主体对全日制教育硕士教学反思和研究能力测评的均值看,全体教育硕士的均值为 3.37,在校生的均值为 3.33,毕业生的均值为 3.46(表 4-7~表 4-9)。

表 4-7　全体教育硕士对教学反思和研究能力的测评得分

项目	人数/人	均值	标准偏差
教学反思和研究能力	31 085	3.37	0.686
有效个案数(成列)	31 085		

表 4-8　在校生对教学反思和研究能力的测评得分

项目	人数/人	均值	标准偏差
教学反思和研究能力	21 634	3.33	0.676
有效个案数(成列)	21 634		

表 4-9　毕业生对教学反思和研究能力的测评得分

项目	人数/人	均值	标准偏差
教学反思和研究能力	9451	3.46	0.700
有效个案数(成列)	9451		

在上述测评基础上,按照一级指标权重系数计算后得到的总体教学能力的赋权重均值,全体教育硕士为 3.36,在校生为 3.31,毕业生为 3.46;并且教学实践能力得分远高于教学反思和研究能力的得分(表 4-10~表 4-12)。

表 4-10　全体教育硕士对总体教学能力的实际测评得分

项目	均值	权重系数	赋权重均值
教学实践能力	3.35	0.75	2.51
教学反思和研究能力	3.37	0.25	0.84
总体教学能力	3.32		3.36

表 4-11　在校生对总体教学能力的实际测评得分

项目	均值	权重系数	赋权重均值
教学实践能力	3.30	0.75	2.48
教学反思和研究能力	3.33	0.25	0.83
总体教学能力	3.28		3.31

表 4-12　毕业生对总体教学能力的实际测评得分

项目	均值	权重系数	赋权重均值
教学实践能力	3.46	0.75	2.60
教学反思和研究能力	3.46	0.25	0.87
总体教学能力	3.42		3.46

（三）二级指标的测评

1. 教学基本功

从不同教育硕士主体对全日制教育硕士教学基本功测评的均值看，全体教育硕士的均值为 3.73，在校生的均值为 3.67，毕业生的均值为 3.87（表 4-13~表 4-15）。

表 4-13　全体教育硕士对教学基本功的测评得分

项目	人数/人	均值	标准偏差
教学基本功	31 085	3.73	0.766
有效个案数（成列）	31 085		

表 4-14　在校生对教学基本功的测评得分

项目	人数/人	均值	标准偏差
教学基本功	21 634	3.67	0.749
有效个案数（成列）	21 634		

表 4-15　毕业生对教学基本功的测评得分

项目	人数/人	均值	标准偏差
教学基本功	9451	3.87	0.786
有效个案数（成列）	9451		

2. 教学设计能力

从不同教育硕士主体对全日制教育硕士教学设计能力测评的均值看，全体教育硕士的均值为 3.74，在校生的均值为 3.69，毕业生的均值为 3.87（表 4-16~表 4-18）。

表 4-16　全体教育硕士对教学设计能力的测评得分

项目	人数/人	均值	标准偏差
教学设计能力	31 085	3.74	0.760
有效个案数（成列）	31 085		

表 4-17　在校生对教学设计能力的测评得分

项目	人数/人	均值	标准偏差
教学设计能力	21 634	3.69	0.744
有效个案数（成列）	21 634		

表 4-18　毕业生对教学设计能力的测评得分

项目	人数/人	均值	标准偏差
教学设计能力	9451	3.87	0.781
有效个案数（成列）	9451		

3. 教学实施能力

从不同教育硕士主体对全日制教育硕士教学实施能力测评的均值看，全体教育硕士的均值为 3.73，在校生的均值为 3.67，毕业生的均值为 3.87（表 4-19~表 4-21）。

表 4-19 全体教育硕士对教学实施能力的测评得分

项目	人数/人	均值	标准偏差
教学实施能力	31 085	3.73	0.759
有效个案数（成列）	31 085		

表 4-20 在校生对教学实施能力的测评得分

项目	人数/人	均值	标准偏差
教学实施能力	21 634	3.67	0.744
有效个案数（成列）	21 634		

表 4-21 毕业生对教学实施能力的测评得分

项目	人数/人	均值	标准偏差
教学实施能力	9451	3.87	0.755
有效个案数（成列）	9451		

4. 教学评价和创新能力

从不同教育硕士主体对全日制教育硕士教学评价和创新能力测评的均值看，全体教育硕士的均值为 3.69，在校生的均值为 3.63，毕业生的均值为 3.82（表 4-22~表 4-24）。

表 4-22 全体教育硕士对教学评价和创新能力的测评得分

项目	人数/人	均值	标准偏差
教学评价和创新能力	31 085	3.69	0.778
有效个案数（成列）	31 085		

表 4-23 在校生对教学评价和创新能力的测评得分

项目	人数/人	均值	标准偏差
教学评价和创新能力	21 634	3.63	0.760
有效个案数（成列）	21 634		

表 4-24 毕业生对教学评价和创新能力的测评得分

项目	人数/人	均值	标准偏差
教学评价和创新能力	9451	3.82	0.802
有效个案数（成列）	9451		

在上述测评基础上，按照二级指标权重系数计算后得到的一级指标教学实践能力的赋权重均值，全体教育硕士为3.73，在校生为3.67，毕业生为3.87；并且排序从高至低依次为：教学实施能力、教学设计能力、教学基本功、教学评价和创新能力（表4-25~表4-27）。

表 4-25 全体教育硕士对教学实践能力的实际测评得分

项目	均值	权重系数	赋权重均值
教学基本功	3.73	0.16	0.60
教学设计能力	3.74	0.32	1.18
教学实施能力	3.73	0.45	1.66
教学评价和创新能力	3.69	0.08	0.29
教学实践能力	3.35		3.73

表 4-26 在校生对教学实践能力的实际测评得分

项目	均值	权重系数	赋权重均值
教学基本功	3.67	0.16	0.59
教学设计能力	3.69	0.32	1.16
教学实施能力	3.67	0.45	1.63
教学评价和创新能力	3.63	0.08	0.29
教学实践能力	3.30		3.67

表 4-27 毕业生对教学实践能力的实际测评得分

项目	均值	权重系数	赋权重均值
教学基本功	3.87	0.16	0.62
教学设计能力	3.87	0.32	1.22

续表

项目	均值	权重系数	赋权重均值
教学实施能力	3.87	0.45	1.72
教学评价和创新能力	3.82	0.08	0.30
教学实践能力	3.46		3.87

5. 教学反思能力

从不同教育硕士主体对全日制教育硕士教学反思能力测评的均值看，全体教育硕士的均值为3.76，在校生的均值为3.71，毕业生的均值为3.88（表4-28~表4-30）。

表4-28 全体教育硕士对教学反思能力的测评得分

项目	人数/人	均值	标准偏差
教学反思能力	31 085	3.76	0.756
有效个案数（成列）	31 085		

表4-29 在校生对教学反思能力的测评得分

项目	人数/人	均值	标准偏差
教学反思能力	21 634	3.71	0.741
有效个案数（成列）	21 634		

表4-30 毕业生对教学反思能力的测评得分

项目	人数/人	均值	标准偏差
教学反思能力	9451	3.88	0.777
有效个案数（成列）	9451		

6. 教学研究能力

从不同教育硕士主体对全日制教育硕士教学研究能力测评的均值看，全体教育硕士的均值为3.70，在校生的均值为3.64，毕业生的均值为3.83（表4-31~表4-33）。

表 4-31　全体教育硕士对教学研究能力的测评得分

项目	人数/人	均值	标准偏差
教学研究能力	31 085	3.70	0.777
有效个案数（成列）	31 085		

表 4-32　在校生对教学研究能力的测评得分

项目	人数/人	均值	标准偏差
教学研究能力	21 634	3.64	0.761
有效个案数（成列）	21 634		

表 4-33　毕业生对教学研究能力的测评得分

项目	人数/人	均值	标准偏差
教学研究能力	9451	3.83	0.797
有效个案数（成列）	9451		

在上述测评基础上，按照二级指标权重系数计算后得到的一级指标教学反思和研究能力的赋权重均值，全体教育硕士为3.74，在校生为3.69，毕业生为3.86；并且教学反思能力得分远高于教学研究能力的得分（表4-34~表4-36）。

表 4-34　全体教育硕士对教学反思和研究能力的实际测评得分

项目	均值	权重系数	赋权重均值
教学反思能力	3.76	0.67	2.51
教学研究能力	3.70	0.33	1.23
教学反思和研究能力	3.37		3.74

表 4-35　在校生对教学反思和研究能力的实际测评得分

项目	均值	权重系数	赋权重均值
教学反思能力	3.71	0.67	2.47

项目	均值	权重系数	赋权重均值
教学研究能力	3.64	0.33	1.21
教学反思和研究能力	3.33		3.69

表4-36 毕业生对教学反思和研究能力的实际测评得分

项目	均值	权重系数	赋权重均值
教学反思能力	3.88	0.67	2.59
教学研究能力	3.83	0.33	1.28
教学反思和研究能力	3.46		3.86

二、相关性分析

(一)总体教学能力与一级指标的相关性分析

通过皮尔逊相关性分析可以看出,全体教育硕士对总体教学能力的评价与对教学能力的一级指标教学实践能力、教学反思和研究能力的评价之间均存在极其显著正相关关系。其中,教学实践能力对总体教学能力的影响比教学反思和研究能力更为显著(表4-37)。

表4-37 全体教育硕士对总体教学能力评价与对一级指标评价相关关系

项目		总体教学能力	教学实践能力	教学反思和研究能力
总体教学能力	皮尔逊相关性	1.000	0.815**	0.672**
	Sig.(双尾)		0.000	0.000
	个案数	31 085	31 085	31 085
教学实践能力	皮尔逊相关性	0.815**	1.000	0.689**
	Sig.(双尾)	0.000		0.000
	个案数	31 085	31 085	31 085
教学反思和研究能力	皮尔逊相关性	0.672**	0.689**	1.000
	Sig.(双尾)	0.000	0.000	
	个案数	31 085	31 085	31 085

** 在0.01级别(双尾),相关性显著。

通过皮尔逊相关性分析可以看出,在校生对总体教学能力的评价与对教学能力的一级指标教学实践能力、教学反思和研究能力的评价之间均存在极其显著正相关关系。其中,教学实践能力对总体教学能力的影响比教学反思和研究能力更为显著(表4-38)。

表4-38 在校生对总体教学能力评价与对一级指标评价相关关系

项目		总体教学能力	教学实践能力	教学反思和研究能力
总体教学能力	皮尔逊相关性	1.000	0.855**	0.729**
	Sig.(双尾)		0.000	0.000
	个案数	21 634	21 634	21 634
教学实践能力	皮尔逊相关性	0.855**	1.000	0.752**
	Sig.(双尾)	0.000		0.000
	个案数	21 634	21 634	21 634
教学反思和研究能力	皮尔逊相关性	0.729**	0.752**	1.000
	Sig.(双尾)	0.000	0.000	
	个案数	21 634	21 634	21 634

** 在0.01级别(双尾),相关性显著。

通过皮尔逊相关性分析可以看出,毕业生对总体教学能力的评价与对教学能力的一级指标教学实践能力、教学反思和研究能力的评价之间均存在极其显著正相关关系。其中,教学实践能力对总体教学能力的影响比教学反思和研究能力更为显著(表4-39)。

表4-39 毕业生对总体教学能力评价与对一级指标评价相关关系

项目		总体教学能力	教学实践能力	教学反思和研究能力
总体教学能力	皮尔逊相关性	1.000	0.873**	0.777**
	Sig.(双尾)		0.000	0.000
	个案数	9451	9451	9451
教学实践能力	皮尔逊相关性	0.873**	1.00	0.795**
	Sig.(双尾)	0.000		0.000
	个案数	9451	9451	9451

续表

项目		总体教学能力	教学实践能力	教学反思和研究能力
教学反思和研究能力	皮尔逊相关性	0.777**	0.795**	1.000
	Sig.（双尾）	0.000	0.000	
	个案数	9451	9451	9451

** 在 0.01 级别（双尾），相关性显著。

（二）一级指标与二级指标的相关性分析

1. 教学实践能力与二级指标的相关性分析

通过皮尔逊相关性分析可以看出，全体教育硕士对教学实践能力的评价与对教学实践能力的二级指标教学基本功、教学设计能力、教学实施能力、教学评价和创新能力的评价之间均存在极其显著正相关关系。其中，教学基本功对教学实践能力影响的相关性比其他能力的影响更为显著，教学评价和创新能力对教学实践能力影响的相关性最低（表4-40）。

表4-40 全体教育硕士对教学实践能力评价与对二级指标评价相关关系

项目		教学实践能力	教学基本功	教学设计能力	教学实施能力	教学评价和创新能力
教学实践能力	皮尔逊相关性	1.000	0.530**	0.509**	0.526**	0.496**
	Sig.（双尾）		0.000	0.000	0.000	0.000
	个案数	31 085	31 085	31 085	31 085	31 085
教学基本功	皮尔逊相关性	0.530**	1.000	0.827**	0.815**	0.788**
	Sig.（双尾）	0.000		0.000	0.000	0.000
	个案数	31 085	31 085	31 085	31 085	31 085
教学设计能力	皮尔逊相关性	0.509**	0.827**	1.000	0.842**	0.822**
	Sig.（双尾）	0.000	0.000		0.000	0.000
	个案数	31 085	31 085	31 085	31 085	31 085
教学实施能力	皮尔逊相关性	0.526**	0.815**	0.842**	1.000	0.852**
	Sig.（双尾）	0.000	0.000	0.000		0.000
	个案数	31 085	31 085	31 085	31 085	31 085

续表

项目		教学实践能力	教学基本功	教学设计能力	教学实施能力	教学评价和创新能力
教学评价和创新能力	皮尔逊相关性	0.496**	0.788**	0.822**	0.852**	1.000
	Sig.（双尾）	0.000	0.000	0.000	0.000	
	个案数	31 085	31 085	31 085	31 085	31 085

** 在0.01级别（双尾），相关性显著。

通过皮尔逊相关性分析可以看出，在校生对教学实践能力的评价与对教学实践能力的二级指标教学基本功、教学设计能力、教学实施能力、教学评价和创新能力的评价之间均存在极其显著正相关关系。其中，教学基本功对教学实践能力影响的相关性比其他能力的影响更为显著，教学评价和创新能力对教学实践能力影响的相关性最低（表4-41）。

表4-41 在校生对教学实践能力评价与对二级指标评价相关关系

项目		教学实践能力	教学基本功	教学设计能力	教学实施能力	教学评价和创新能力
教学实践能力	皮尔逊相关性	1.000	0.520**	0.492**	0.508**	0.474**
	Sig.（双尾）		0.000	0.000	0.000	0.000
	个案数	21 634	21 634	21 634	21 634	21 634
教学基本功	皮尔逊相关性	0.520**	1.000	0.816**	0.803**	0.773**
	Sig.（双尾）	0.000		0.000	0.000	0.000
	个案数	21 634	21 634	21 634	21 634	21 634
教学设计能力	皮尔逊相关性	0.492**	0.816**	1.000	0.830**	0.808**
	Sig.（双尾）	0.000	0.000		0.000	0.000
	个案数	21 634	21 634	21 634	21 634	21 634
教学实施能力	皮尔逊相关性	0.508**	0.803**	0.830**	1.000	0.837**
	Sig.（双尾）	0.000	0.000	0.000		0.000
	个案数	21 634	21 634	21 634	21 634	21 634
教学评价和创新能力	皮尔逊相关性	0.474**	0.773**	0.808**	0.837**	1.000
	Sig.（双尾）	0.000	0.000	0.000	0.000	
	个案数	1.000	0.520**	0.492**	0.508**	0.474**

** 在0.01级别（双尾），相关性显著。

通过皮尔逊相关性分析可以看出,毕业生对教学实践能力的评价与对教学实践能力的二级指标教学基本功、教学设计能力、教学实施能力、教学评价和创新能力的评价之间均存在极其显著正相关关系。其中,教学实施能力对教学实践能力影响的相关性比其他能力的影响更为显著(表4-42)。

表4-42 毕业生对教学实践能力评价与对二级指标评价相关关系

项目		教学实践能力	教学基本功	教学设计能力	教学实施能力	教学评价和创新能力
教学实践能力	皮尔逊相关性	1.000	0.533**	0.525**	0.543**	0.522**
	Sig.(双尾)		0.000	0.000	0.000	0.000
	个案数	9451	9451	9451	9451	9451
教学基本功	皮尔逊相关性	0.533**	1.000	0.841**	0.833**	0.808**
	Sig.(双尾)	0.000		0.000	0.000	0.000
	个案数	9451	9451	9451	9451	9451
教学设计能力	皮尔逊相关性	0.525**	0.841**	1.000	0.860**	0.845**
	Sig.(双尾)	0.000	0.000		0.000	0.000
	个案数	9451	9451	9451	9451	9451
教学实施能力	皮尔逊相关性	0.543**	0.833**	0.860**	1.000	0.877**
	Sig.(双尾)	0.000	0.000	0.000		0.000
	个案数	9451	9451	9451	9451	9451
教学评价和创新能力	皮尔逊相关性	0.522**	0.808**	0.845**	0.877**	1.000
	Sig.(双尾)	0.000	0.000	0.000	0.000	
	个案数	9451	9451	9451	9451	9451

** 在0.01级别(双尾),相关性显著。

2. 教学反思和研究能力与二级指标的相关性分析

通过皮尔逊相关性分析可以看出,全体教育硕士对教学反思和研究能力的评价与对教学反思和研究能力的二级指标教学反思能力、教学研究能力的评价之间均存在显著正相关关系(表4-43)。

表 4-43　全体教育硕士对教学反思和研究能力评价与对二级指标评价相关关系

项目		教学反思和研究能力	教学反思能力	教学研究能力
教学反思和研究能力	皮尔逊相关性	1.000	0.512**	0.501**
	Sig.（双尾）		0.000	0.000
	个案数	31 085	31 085	31 085
教学反思能力	皮尔逊相关性	0.512**	1.000	0.845**
	Sig.（双尾）	0.000		0.000
	个案数	31 085	31 085	31 085
教学研究能力	皮尔逊相关性	0.501**	0.845**	1.000
	Sig.（双尾）	0.000	0.000	
	个案数	31 085	31 085	31 085

**在 0.01 级别（双尾），相关性显著。

通过皮尔逊相关性分析可以看出，在校生对教学反思和研究能力的评价与对教学反思和研究能力的二级指标教学反思能力、教学研究能力的评价之间均存在显著正相关关系（表 4-44）。

表 4-44　在校生对教学反思和研究能力评价与对二级指标评价相关关系

项目		教学反思和研究能力	教学反思能力	教学研究能力
教学反思和研究能力	皮尔逊相关性	1.000	0.495**	0.484**
	Sig.（双尾）		0.000	0.000
	个案数	21 634	21 634	21 634
教学反思能力	皮尔逊相关性	0.495**	1.000	0.831**
	Sig.（双尾）	0.000		0.000
	个案数	21 634	21 634	21 634
教学研究能力	皮尔逊相关性	0.484**	0.831**	1.000
	Sig.（双尾）	0.000	0.000	
	个案数	21 634	21 634	21 634

**在 0.01 级别（双尾），相关性显著。

通过皮尔逊相关性分析可以看出，毕业生对教学反思和研究能力的评价与对教学反思和研究能力的二级指标教学反思能力、教学研究能力的评价之间均存在显著正相关关系（表4-45）。

表4-45　毕业生对教学反思和研究能力评价与对二级指标评价相关关系

项目		教学反思和研究能力	教学反思能力	教学研究能力
教学反思和研究能力	皮尔逊相关性	1.000	0.535**	0.524**
	Sig.（双尾）		0.000	0.000
	个案数	9451	9451	9451
教学反思能力	皮尔逊相关性	0.535**	1.000	0.871**
	Sig.（双尾）	0.000		0.000
	个案数	9451	9451	9451
教学研究能力	皮尔逊相关性	0.524**	0.871**	1.000
	Sig.（双尾）	0.000	0.000	
	个案数	9451	9451	9451

** 在0.01级别（双尾），相关性显著。

第二节　教师对教学能力总体测评

一、总体测评概况

（一）总体教学能力的测评

从不同教师主体对全日制教育硕士总体教学能力测评的均值看，全体教师的均值为3.92，理论导师的均值为3.82，实践导师的均值为4.11，任课教师的均值为3.90，管理者的均值为4.02（表4-46~表4-50）。

表4-46　全体教师对总体教学能力的测评得分

项目	人数/人	均值	标准偏差
总体教学能力	11 443	3.92	0.686
有效个案数（成列）	11 443		

表 4-47 理论导师对总体教学能力的测评得分

项目	人数/人	均值	标准偏差
总体教学能力	6777	3.82	0.676
有效个案数（成列）	6777		

表 4-48 实践导师对总体教学能力的测评得分

项目	人数/人	均值	标准偏差
总体教学能力	2591	4.11	0.634
有效个案数（成列）	2591		

表 4-49 任课教师对总体教学能力的测评得分

项目	人数/人	均值	标准偏差
总体教学能力	6756	3.90	0.683
有效个案数（成列）	6756		

表 4-50 管理者对总体教学能力的测评得分

项目	人数/人	均值	标准偏差
总体教学能力	2040	4.02	0.666
有效个案数（成列）	2040		

（二）一级指标的测评

从不同教师主体对全日制教育硕士教学实践能力测评的均值看，全体教师的均值为3.91，理论导师的均值为3.80，实践导师的均值为4.09，任课教师的均值为3.88，管理者的均值为4.00（表4-51~表4-55）。

表 4-51 全体教师对教学实践能力的测评得分

项目	人数/人	均值	标准偏差
教学实践能力	11 443	3.91	0.702
有效个案数（成列）	11 443		

表 4-52　理论导师对教学实践能力的测评得分

项目	人数/人	均值	标准偏差
教学实践能力	6777	3.80	0.689
有效个案数（成列）	6777		

表 4-53　实践导师对教学实践能力的测评得分

项目	人数/人	均值	标准偏差
教学实践能力	2591	4.09	0.664
有效个案数（成列）	2591		

表 4-54　任课教师对教学实践能力的测评得分

项目	人数/人	均值	标准偏差
教学实践能力	6756	3.88	0.703
有效个案数（成列）	6756		

表 4-55　管理者对教学实践能力的测评得分

项目	人数/人	均值	标准偏差
教学实践能力	2040	4.00	0.684
有效个案数（成列）	2040		

从不同教师主体对全日制教育硕士教学反思和研究能力测评的均值看，全体教师的均值为 3.84，理论导师的均值为 3.71，实践导师的均值为 4.08，任课教师的均值为 3.80，管理者的均值为 3.93（表 4-56~表 4-60）。

表 4-56　全体教师对教学反思和研究能力的测评得分

项目	人数/人	均值	标准偏差
教学反思和研究能力	11 443	3.84	0.738
有效个案数（成列）	11 443		

表 4-57 理论导师对教学反思和研究能力的测评得分

项目	人数/人	均值	标准偏差
教学反思和研究能力	6777	3.71	0.729
有效个案数（成列）	6777		

表 4-58 实践导师对教学反思和研究能力的测评得分

项目	人数/人	均值	标准偏差
教学反思和研究能力	2591	4.08	0.668
有效个案数（成列）	2591		

表 4-59 任课教师对教学反思和研究能力的测评得分

项目	人数/人	均值	标准偏差
教学反思和研究能力	6756	3.80	0.739
有效个案数（成列）	6756		

表 4-60 管理者对教学反思和研究能力的测评得分

项目	人数/人	均值	标准偏差
教学反思和研究能力	2040	3.93	0.720
有效个案数（成列）	2040		

在上述测评基础上，按照一级指标权重系数计算后得到的总体教学能力的赋权重均值，全体教师的均值为3.89，理论导师的均值为3.78，实践导师的均值为4.09，任课教师的均值为3.86，管理者的均值为3.98（表4-61~表4-65）。

表 4-61 全体教师对总体教学能力的实际测评得分

项目	均值	权重系数	赋权重均值
教学实践能力	3.91	0.75	2.93
教学反思和研究能力	3.84	0.25	0.96

续表

项目	均值	权重系数	赋权重均值
总体教学能力	3.92		3.89

表 4-62　理论导师对总体教学能力的实际测评得分

项目	均值	权重系数	赋权重均值
教学实践能力	3.80	0.75	2.85
教学反思和研究能力	3.71	0.25	0.93
总体教学能力	3.82		3.78

表 4-63　实践导师对总体教学能力的实际测评得分

项目	均值	权重系数	赋权重均值
教学实践能力	4.09	0.75	3.07
教学反思和研究能力	4.08	0.25	1.02
总体教学能力	4.11		4.09

表 4-64　任课教师对总体教学能力的实际测评得分

项目	均值	权重系数	赋权重均值
教学实践能力	3.88	0.75	2.91
教学反思和研究能力	3.80	0.25	0.95
总体教学能力	3.90		3.86

表 4-65　管理者对总体教学能力的实际测评得分

项目	均值	权重系数	赋权重均值
教学实践能力	4.00	0.75	3.00
教学反思和研究能力	3.93	0.25	0.98
总体教学能力	4.02		3.98

(三) 二级指标的测评

1. 教学基本功

从不同教师主体对全日制教育硕士教学基本功测评的均值看，全体教师的均值为3.99，理论导师的均值为3.89，实践导师的均值为4.15，任课教师的均值为3.96，管理者的均值为4.08（表4-66~表4-70）。

表4-66 全体教师对教学基本功的测评得分

项目	人数/人	均值	标准偏差
教学基本功	11 443	3.99	0.719
有效个案数（成列）	11 443		

表4-67 理论导师对教学基本功的测评得分

项目	人数/人	均值	标准偏差
教学基本功	6777	3.89	0.710
有效个案数（成列）	6777		

表4-68 实践导师对教学基本功的测评得分

项目	人数/人	均值	标准偏差
教学基本功	2591	4.15	0.682
有效个案数（成列）	2591		

表4-69 任课教师对教学基本功的测评得分

项目	人数/人	均值	标准偏差
教学基本功	6756	3.96	0.722
有效个案数（成列）	6756		

表4-70 管理者对教学基本功的测评得分

项目	人数/人	均值	标准偏差
教学基本功	2040	4.08	0.706
有效个案数（成列）	2040		

2. 教学设计能力

从不同教师主体对全日制教育硕士教学设计能力测评的均值看，全体教师的均值为4.00，理论导师的均值为3.93，实践导师的均值为4.12，任课教师的均值为3.99，管理者的均值为4.08（表4-71~表4-75）。

表4-71 全体教师对教学设计能力的测评得分

项目	人数/人	均值	标准偏差
教学设计能力	11 443	4.00	0.707
有效个案数（成列）	11 443		

表4-72 理论导师对教学设计能力的测评得分

项目	人数/人	均值	标准偏差
教学设计能力	6777	3.93	0.693
有效个案数（成列）	6777		

表4-73 实践导师对教学设计能力的测评得分

项目	人数/人	均值	标准偏差
教学设计能力	2591	4.12	0.695
有效个案数（成列）	2591		

表4-74 任课教师对教学设计能力的测评得分

项目	人数/人	均值	标准偏差
教学设计能力	6756	3.99	0.705
有效个案数（成列）	6756		

表 4-75　管理者对教学设计能力的测评得分

项目	人数/人	均值	标准偏差
教学设计能力	2040	4.08	0.703
有效个案数（成列）	2040		

3. 教学实施能力

从不同教师主体对全日制教育硕士教学实施能力测评的均值看，全体教师的均值为3.99，理论导师的均值为3.91，实践导师的均值为4.10，任课教师的均值为3.98，管理者的均值为4.08（表4-76~表4-80）。

表 4-76　全体教师对教学实施能力的测评得分

项目	人数/人	均值	标准偏差
教学实施能力	11 443	3.99	0.703
有效个案数（成列）	11 443		

表 4-77　理论导师对教学实施能力的测评得分

项目	人数/人	均值	标准偏差
教学实施能力	6777	3.91	0.687
有效个案数（成列）	6777		

表 4-78　实践导师对教学实施能力的测评得分

项目	人数/人	均值	标准偏差
教学实施能力	2591	4.10	0.693
有效个案数（成列）	2591		

表 4-79　任课教师对教学实施能力的测评得分

项目	人数/人	均值	标准偏差
教学实施能力	6756	3.98	0.703
有效个案数（成列）	6756		

表 4-80　管理者对教学实施能力的测评得分

项目	人数/人	均值	标准偏差
教学实施能力	2040	4.08	0.699
有效个案数（成列）	2040		

4. 教学评价和创新能力

从不同教师主体对全日制教育硕士教学评价和创新能力测评的均值看，全体教师的均值为 3.91，理论导师的均值为 3.81，实践导师的均值为 4.07，任课教师的均值为 3.88，管理者的均值为 4.01（表 4-81~表 4-85）。

表 4-81　全体教师对教学评价和创新能力的测评得分

项目	人数/人	均值	标准偏差
教学评价和创新能力	11 443	3.91	0.753
有效个案数（成列）	11 443		

表 4-82　理论导师对教学评价和创新能力的测评得分

项目	人数/人	均值	标准偏差
教学评价和创新能力	6777	3.81	0.742
有效个案数（成列）	6777		

表 4-83　实践导师对教学评价和创新能力的测评得分

项目	人数/人	均值	标准偏差
教学评价和创新能力	2591	4.07	0.719
有效个案数（成列）	2591		

表 4-84　任课教师对教学评价和创新能力的测评得分

项目	人数/人	均值	标准偏差
教学评价和创新能力	6756	3.88	0.756
有效个案数（成列）	6756		

表 4-85　管理者对教学评价和创新能力的测评得分

项目	人数/人	均值	标准偏差
教学评价和创新能力	2040	4.01	0.736
有效个案数（成列）	2040		

在上述测评基础上，按照二级指标权重系数计算后得到的一级指标教学实践能力的赋权重均值，全体教师为 3.99，理论导师为 3.91，实践导师为 4.11，任课教师为 3.97，管理者为 4.07；并且排序从高至低依次为：教学实施能力、教学设计能力、教学基本功、教学评价和创新能力（表 4-86~表 4-90）。

表 4-86　全体教师对教学实践能力的实际测评得分

项目	均值	权重系数	赋权重均值
教学基本功	3.99	0.16	0.64
教学设计能力	4.00	0.32	1.26
教学实施能力	3.99	0.45	1.78
教学评价和创新能力	3.91	0.08	0.31
教学实践能力	3.91		3.99

表 4-87　理论导师对教学实践能力的实际测评得分

项目	均值	权重系数	赋权重均值
教学基本功	3.89	0.16	0.62
教学设计能力	3.93	0.32	1.24
教学实施能力	3.91	0.45	1.74
教学评价和创新能力	3.81	0.08	0.30
教学实践能力	3.80		3.91

表 4-88　实践导师对教学实践能力的实际测评得分

项目	均值	权重系数	赋权重均值
教学基本功	4.15	0.16	0.66

续表

项目	均值	权重系数	赋权重均值
教学设计能力	4.12	0.32	1.30
教学实施能力	4.10	0.45	1.82
教学评价和创新能力	4.07	0.08	0.32
教学实践能力	4.09		4.11

表 4-89　任课教师对教学实践能力的实际测评得分

项目	均值	权重系数	赋权重均值
教学基本功	3.96	0.16	0.63
教学设计能力	3.99	0.32	1.26
教学实施能力	3.98	0.45	1.77
教学评价和创新能力	3.88	0.08	0.31
教学实践能力	3.88		3.97

表 4-90　管理者对教学实践能力的实际测评得分

项目	均值	权重系数	赋权重均值
教学基本功	4.08	0.16	0.65
教学设计能力	4.08	0.32	1.29
教学实施能力	4.08	0.45	1.82
教学评价和创新能力	4.01	0.08	0.32
教学实践能力	4.00		4.07

5. 教学反思能力

从不同教师主体对全日制教育硕士教学反思能力测评的均值看，全体教师的均值为 3.94，理论导师的均值为 3.83，实践导师的均值为 4.12，任课教师的均值为 3.91，管理者的均值为 4.03（表 4-91~表 4-95）。

表 4-91　全体教师对教学反思能力的测评得分

项目	人数/人	均值	标准偏差
教学反思能力	11 443	3.94	0.721
有效个案数（成列）	11 443		

表 4-92　理论导师对教学反思能力的测评得分

项目	人数/人	均值	标准偏差
教学反思能力	6777	3.83	0.736
有效个案数（成列）	6777		

表 4-93　实践导师对教学反思能力的测评得分

项目	人数/人	均值	标准偏差
教学反思能力	2591	4.12	0.702
有效个案数（成列）	2591		

表 4-94　任课教师对教学反思能力的测评得分

项目	人数/人	均值	标准偏差
教学反思能力	6756	3.91	0.753
有效个案数（成列）	6756		

表 4-95　管理者对教学反思能力的测评得分

项目	人数/人	均值	标准偏差
教学反思能力	2040	4.03	0.721
有效个案数（成列）	2040		

6. 教学研究能力

从不同教师主体对全日制教育硕士教学研究能力测评的均值看，全体教师的均值为 3.91，理论导师的均值为 3.78，实践导师的均值为 4.15，任课教师的均值为 3.86，管理者的均值为 4.00（表 4-96~表 4-100）。

表 4-96　全体教师对教学研究能力的测评得分

项目	人数/人	均值	标准偏差
教学研究能力	11 443	3.91	0.769
有效个案数（成列）	11 443		

表 4-2-97　理论导师对教学研究能力的测评得分

项目	人数/人	均值	标准偏差
教学研究能力	6777	3.78	0.764
有效个案数（成列）	6777		

表 4-98　实践导师对教学研究能力的测评得分

项目	人数/人	均值	标准偏差
教学研究能力	2591	4.15	0.697
有效个案数（成列）	2591		

表 4-99　任课教师对教学研究能力的测评得分

项目	人数/人	均值	标准偏差
教学研究能力	6756	3.86	0.782
有效个案数（成列）	6756		

表 4-100　管理者对教学研究能力的测评得分

项目	人数/人	均值	标准偏差
教学研究能力	2040	4.00	0.760
有效个案数（成列）	2040		

在上述测评基础上，按照二级指标权重系数计算后得到的一级指标教学反思和研究能力的赋权重均值，全体教师为 3.93，理论导师为 3.81，实

践导师为4.13，任课教师为3.89，管理者为4.02；并且教学反思能力得分远高于教学研究能力的得分（表4-101~表4-105）。

表4-101　全体教师对教学反思和研究能力的实际测评得分

项目	均值	权重系数	赋权重均值
教学反思能力	3.94	0.67	2.63
教学研究能力	3.91	0.33	1.30
教学反思和研究能力	3.84		3.93

表4-102　理论导师对教学反思和研究能力的实际测评得分

项目	均值	权重系数	赋权重均值
教学反思能力	3.83	0.67	2.55
教学研究能力	3.78	0.33	1.26
教学反思和研究能力	3.71		3.81

表4-103　实践导师对教学反思和研究能力的实际测评得分

项目	均值	权重系数	赋权重均值
教学反思能力	4.12	0.67	2.75
教学研究能力	4.15	0.33	1.38
教学反思和研究能力	4.08		4.13

表4-104　任课教师对教学反思和研究能力的实际测评得分

项目	均值	权重系数	赋权重均值
教学反思能力	3.91	0.67	2.61
教学研究能力	3.86	0.33	1.29
教学反思和研究能力	3.80		3.89

表 4-105　管理者对教学反思和研究能力的实际测评得分

项目	均值	权重系数	赋权重均值
教学反思能力	4.03	0.67	2.69
教学研究能力	4.00	0.33	1.33
教学反思和研究能力	3.93		4.02

二、相关性分析

（一）总体教学能力与一级指标的相关性分析

通过皮尔逊相关性分析可以看出，全体教师对总体教学能力的评价与对教学能力的一级指标教学实践能力、教学反思和研究能力的评价之间均存在极其显著正相关关系。其中，教学实践能力对总体教学能力的影响比教学反思和研究能力更为显著（表 4-106）。

表 4-106　全体教师对总体教学能力评价与对一级指标评价相关关系

项目		总体教学能力	教学实践能力	教学反思和研究能力
总体教学能力	皮尔逊相关性	1.000	0.876**	0.812**
	Sig.（双尾）		0.000	0.000
	个案数	11 443	11 443	11 443
教学实践能力	皮尔逊相关性	0.876**	1.000	0.834**
	Sig.（双尾）	0.000		0.000
	个案数	11 443	11 443	11 443
教学反思和研究能力	皮尔逊相关性	0.812**	0.834**	1.000
	Sig.（双尾）	0.000	0.000	
	个案数	11 443	11 443	11 443

** 在 0.01 级别（双尾），相关性显著。

通过皮尔逊相关性分析可以看出，理论导师对总体教学能力的评价与对教学能力的一级指标教学实践能力、教学反思和研究能力的评价之间均存在极其显著正相关关系。其中，教学实践能力对总体教学能力的影响比教学反思和研究能力更为显著（表 4-107）。

表 4-107　理论导师对总体教学能力评价与对一级指标评价相关关系

项目		总体教学能力	教学实践能力	教学反思和研究能力
总体教学能力	皮尔逊相关性	1.000	0.860**	0.786**
	Sig.（双尾）		0.000	0.000
	个案数	6777	6777	6777
教学实践能力	皮尔逊相关性	0.860**	1.000	0.809**
	Sig.（双尾）	0.000		0.000
	个案数	6777	6777	6777
教学反思和研究能力	皮尔逊相关性	0.786**	0.809**	1.000
	Sig.（双尾）	0.000	0.000	
	个案数	6777	6777	6777

** 在 0.01 级别（双尾），相关性显著。

通过皮尔逊相关性分析可以看出，实践导师对总体教学能力的评价与对教学能力的一级指标教学实践能力、教学反思和研究能力的评价之间均存在极其显著正相关关系。其中，教学实践能力对总体教学能力的影响比教学反思和研究能力更为显著（表 4-108）。

表 4-108　实践导师对总体教学能力评价与对一级指标评价相关关系

项目		总体教学能力	教学实践能力	教学反思和研究能力
总体教学能力	皮尔逊相关性	1.000	0.879**	0.824**
	Sig.（双尾）		0.000	0.000
	个案数	2591	2591	2591
教学实践能力	皮尔逊相关性	0.879**	1.000	0.842**
	Sig.（双尾）	0.000		0.000
	个案数	2591	2591	2591
教学反思和研究能力	皮尔逊相关性	0.824**	0.842**	1.000
	Sig.（双尾）	0.000	0.000	
	个案数	2591	2591	2591

** 在 0.01 级别（双尾），相关性显著。

通过皮尔逊相关性分析可以看出，任课教师对总体教学能力的评价与对教学能力的一级指标教学实践能力、教学反思和研究能力的评价之间均存在极其显著正相关关系。其中，教学实践能力对总体教学能力的影响比教学反思和研究能力更为显著（表4-109）。

表4-109　任课教师对总体教学能力评价与对一级指标评价相关关系

项目		总体教学能力	教学实践能力	教学反思和研究能力
总体教学能力	皮尔逊相关性	1.000	0.870**	0.799**
	Sig.（双尾）		0.000	0.000
	个案数	6756	6756	6756
教学实践能力	皮尔逊相关性	0.870**	1.000	0.825**
	Sig.（双尾）	0.000		0.000
	个案数	6756	6756	6756
教学反思和研究能力	皮尔逊相关性	0.799**	0.825**	1.000
	Sig.（双尾）	0.000	0.000	
	个案数	6756	6756	6756

**在0.01级别（双尾），相关性显著。

通过皮尔逊相关性分析可以看出，管理者对总体教学能力的评价与对教学能力的一级指标教学实践能力、教学反思和研究能力的评价之间均存在极其显著正相关关系。其中，教学实践能力对总体教学能力的影响比教学反思和研究能力更为显著（表4-110）。

表4-110　管理者对总体教学能力评价与对一级指标评价相关关系

项目		总体教学能力	教学实践能力	教学反思和研究能力
总体教学能力	皮尔逊相关性	1.000	0.867**	0.798**
	Sig.（双尾）		0.000	0.000
	个案数	2040	2040	2040

续表

项目		总体教学能力	教学实践能力	教学反思和研究能力
教学实践能力	皮尔逊相关性	0.867**	1.000	0.831**
	Sig.（双尾）	0.000		0.000
	个案数	2040	2040	2040
教学反思和研究能力	皮尔逊相关性	0.798**	0.831**	1.000
	Sig.（双尾）	0.000	0.000	
	个案数	2040	2040	2040

** 在0.01级别（双尾），相关性显著。

（二）一级指标与二级指标的相关性分析

1. 教学实践能力与二级指标的相关性分析

通过皮尔逊相关性分析可以看出，全体教师对教学实践能力的评价与对教学实践能力的二级指标教学基本功、教学设计能力、教学实施能力、教学评价和创新能力的评价之间均存在极其显著正相关关系（表4-111）。

表4-111 全体教师对教学实践能力评价与对二级指标评价相关关系

项目		教学实践能力	教学基本功	教学设计能力	教学实施能力	教学评价和创新能力
教学实践能力	皮尔逊相关性	1.000	0.757**	0.724**	0.736**	0.724**
	Sig.（双尾）		0.000	0.000	0.000	0.000
	个案数	11 443	11 443	11 443	11 443	11 443
教学基本功	皮尔逊相关性	0.757**	1.000	0.808**	0.804**	0.774**
	Sig.（双尾）	0.000		0.000	0.000	0.000
	个案数	11 443	11 443	11 443	11 443	11 443
教学设计能力	皮尔逊相关性	0.724**	0.808**	1.000	0.832**	0.803**
	Sig.（双尾）	0.000	0.000		0.000	0.000
	个案数	11 443	11 443	11 443	11 443	11 443
教学实施能力	皮尔逊相关性	0.736**	0.804**	0.832**	1.000	0.834**
	Sig.（双尾）	0.000	0.000	0.000		0.000
	个案数	11 443	11 443	11 443	11 443	11 443

续表

项目		教学实践能力	教学基本功	教学设计能力	教学实施能力	教学评价和创新能力
教学评价和创新能力	皮尔逊相关性	0.724**	0.774**	0.803**	0.834**	1.000
	Sig.（双尾）	0.000	0.000	0.000	0.000	
	个案数	11 443	11 443	11 443	11 443	11 443

** 在0.01级别（双尾），相关性显著。

通过皮尔逊相关性分析可以看出，理论导师对教学实践能力的评价与对教学实践能力的二级指标教学基本功、教学设计能力、教学实施能力、教学评价和创新能力的评价之间均存在极其显著正相关关系（表4-112）。

表4-112 理论导师对教学实践能力评价与对二级指标评价相关关系

项目		教学实践能力	教学基本功	教学设计能力	教学实施能力	教学评价和创新能力
教学实践能力	皮尔逊相关性	1.000	0.748**	0.712**	0.725**	0.706**
	Sig.（双尾）		0.000	0.000	0.000	0.000
	个案数	6777	6777	6777	6777	6777
教学基本功	皮尔逊相关性	0.748**	1.000	0.793**	0.791**	0.750**
	Sig.（双尾）	0.000		0.000	0.000	0.000
	个案数	6777	6777	6777	6777	6777
教学设计能力	皮尔逊相关性	0.712**	0.793**	1.000	0.815**	0.779**
	Sig.（双尾）	0.000	0.000		0.000	0.000
	个案数	6777	6777	6777	6777	6777
教学实施能力	皮尔逊相关性	0.725**	0.791**	0.815**	1.000	0.817**
	Sig.（双尾）	0.000	0.000	0.000		0.000
	个案数	6777	6777	6777	6777	6777
教学评价和创新能力	皮尔逊相关性	0.706**	0.750**	0.779**	0.817**	1.000
	Sig.（双尾）	0.000	0.000	0.000	0.000	
	个案数	6777	6777	6777	6777	6777

** 在0.01级别（双尾），相关性显著。

通过皮尔逊相关性分析可以看出，实践导师对教学实践能力的评价与对教学实践能力的二级指标教学基本功、教学设计能力、教学实施能力、教学评价和创新能力的评价之间均存在极其显著正相关关系（表4-113）。

表4-113 实践导师对教学实践能力评价与对二级指标评价相关关系

项目		教学实践能力	教学基本功	教学设计能力	教学实施能力	教学评价和创新能力
教学实践能力	皮尔逊相关性	1.000	0.719**	0.708**	0.718**	0.697**
	Sig.（双尾）		0.000	0.000	0.000	0.000
	个案数	2591	2591	2591	2591	2591
教学基本功	皮尔逊相关性	0.719**	1.000	0.788**	0.782**	0.762**
	Sig.（双尾）	0.000		0.000	0.000	0.000
	个案数	2591	2591	2591	2591	2591
教学设计能力	皮尔逊相关性	0.708**	0.788**	1.000	0.829**	0.815**
	Sig.（双尾）	0.000	0.000		0.000	0.000
	个案数	2591	2591	2591	2591	2591
教学实施能力	皮尔逊相关性	0.718**	0.782**	0.829**	1.000	0.837**
	Sig.（双尾）	0.000	0.000	0.000		0.000
	个案数	2591	2591	2591	2591	2591
教学评价和创新能力	皮尔逊相关性	0.697**	0.762**	0.815**	0.837**	1.000
	Sig.（双尾）	0.000	0.000	0.000	0.000	
	个案数	2591	2591	2591	2591	2591

** 在0.01级别（双尾），相关性显著。

通过皮尔逊相关性分析可以看出，任课教师对教学实践能力的评价与对教学实践能力的二级指标教学基本功、教学设计能力、教学实施能力、教学评价和创新能力的评价之间均存在极其显著正相关关系（表4-114）。

表4-114 任课教师对教学实践能力评价与对二级指标评价相关关系

项目		教学实践能力	教学基本功	教学设计能力	教学实施能力	教学评价和创新能力
教学实践能力	皮尔逊相关性	1.000	0.764**	0.718**	0.739**	0.718**
	Sig.（双尾）		0.000	0.000	0.000	0.000
	个案数	6756	6756	6756	6756	6756

续表

项目		教学实践能力	教学基本功	教学设计能力	教学实施能力	教学评价和创新能力
教学基本功	皮尔逊相关性	0.764**	1.000	0.803**	0.804**	0.768**
	Sig.（双尾）	0.000		0.000	0.000	0.000
	个案数	6756	6756	6756	6756	6756
教学设计能力	皮尔逊相关性	0.718**	0.803**	1.000	0.828**	0.794**
	Sig.（双尾）	0.000	0.000		0.000	0.000
	个案数	6756	6756	6756	6756	6756
教学实施能力	皮尔逊相关性	0.739**	0.804**	0.828**	1.000	0.826**
	Sig.（双尾）	0.000	0.000	0.000		0.000
	个案数	6756	6756	6756	6756	6756
教学评价和创新能力	皮尔逊相关性	0.718**	0.768**	0.794**	0.826**	1.000
	Sig.（双尾）	0.000	0.000	0.000	0.000	
	个案数	6756	6756	6756	6756	6756

**在0.01级别（双尾），相关性显著。

通过皮尔逊相关性分析可以看出，管理者对教学实践能力的评价与对教学实践能力的二级指标教学基本功、教学设计能力、教学实施能力、教学评价和创新能力的评价之间均存在极其显著正相关关系（表4-115）。

表4-115　管理者对教学实践能力评价与对二级指标评价相关关系

项目		教学实践能力	教学基本功	教学设计能力	教学实施能力	教学评价和创新能力
教学实践能力	皮尔逊相关性	1.000	0.730**	0.704**	0.703**	0.704**
	Sig.（双尾）		0.000	0.000	0.000	0.000
	个案数	2040	2040	2040	2040	2040
教学基本功	皮尔逊相关性	0.730**	1.000	0.808**	0.784**	0.755**
	Sig.（双尾）	0.000		0.000	0.000	0.000
	个案数	2040	2040	2040	2040	2040

续表

项目		教学实践能力	教学基本功	教学设计能力	教学实施能力	教学评价和创新能力
教学设计能力	皮尔逊相关性	0.704**	0.808**	1.000	0.829**	0.801**
	Sig.（双尾）	0.000	0.000		0.000	0.000
	个案数	2040	2040	2040	2040	2040
教学实施能力	皮尔逊相关性	0.703**	0.784**	0.829**	1.000	0.823**
	Sig.（双尾）	0.000	0.000	0.000		0.000
	个案数	2040	2040	2040	2040	2040
教学评价和创新能力	皮尔逊相关性	0.704**	0.755**	0.801**	0.823**	1.000
	Sig.（双尾）	0.000	0.000	0.000	0.000	
	个案数	2040	2040	2040	2040	2040

** 在0.01级别（双尾），相关性显著。

2. 教学反思和研究能力与二级指标的相关性分析

通过皮尔逊相关性分析可以看出，全体教师对教学反思和研究能力的评价与对教学反思和研究能力的二级指标教学反思能力、教学研究能力的评价之间均存在显著正相关关系（表4-116）。

表4-116　全体教师对教学反思和研究能力评价与对二级指标评价相关关系

项目		教学反思和研究能力	教学反思能力	教学研究能力
教学反思和研究能力	皮尔逊相关性	1.000	0.734**	0.736**
	Sig.（双尾）		0.000	0.000
	个案数	11 443	11 443	11 443
教学反思能力	皮尔逊相关性	0.734**	1.000	0.834**
	Sig.（双尾）	0.000		0.000
	个案数	11 443	11 443	11 443
教学研究能力	皮尔逊相关性	0.736**	0.834**	1.000
	Sig.（双尾）	0.000	0.000	
	个案数	11 443	11 443	11 443

** 在0.01级别（双尾），相关性显著。

通过皮尔逊相关性分析可以看出，理论导师对教学反思和研究能力的评价与对教学反思和研究能力的二级指标教学反思能力、教学研究能力的评价之间均存在显著正相关关系（表4-117）。

表4-117 理论导师对教学反思和研究能力评价与对二级指标评价相关关系

项目		教学反思和研究能力	教学反思能力	教学研究能力
教学反思和研究能力	皮尔逊相关性	1.000	0.719**	0.722**
	Sig.（双尾）		0.000	0.000
	个案数	6777	6777	6777
教学反思能力	皮尔逊相关性	0.719**	1.000	0.818**
	Sig.（双尾）	0.000		0.000
	个案数	6777	6777	6777
教学研究能力	皮尔逊相关性	0.722**	0.818**	1.000
	Sig.（双尾）	0.000	0.000	
	个案数	6777	6777	6777

**. 在0.01级别（双尾），相关性显著。

通过皮尔逊相关性分析可以看出，实践导师对教学反思和研究能力的评价与对教学反思和研究能力的二级指标教学反思能力、教学研究能力的评价之间均存在显著正相关关系（表4-118）。

表4-118 实践导师对教学反思和研究能力评价与对二级指标评价相关关系

项目		教学反思和研究能力	教学反思能力	教学研究能力
教学反思和研究能力	皮尔逊相关性	1.000	0.704**	0.701**
	Sig.（双尾）		0.000	0.000
	个案数	2591	2591	2591
教学反思能力	皮尔逊相关性	0.704**	1.000	0.831**
	Sig.（双尾）	0.000		0.000
	个案数	2591	2591	2591

续表

项目		教学反思和研究能力	教学反思能力	教学研究能力
教学研究能力	皮尔逊相关性	0.701**	0.831**	1.000
	Sig.（双尾）	0.000	0.000	
	个案数	2591	2591	2591

** 在 0.01 级别（双尾），相关性显著。

通过皮尔逊相关性分析可以看出，任课教师对教学反思和研究能力的评价与对教学反思和研究能力的二级指标教学反思能力、教学研究能力的评价之间均存在显著正相关关系（表4-119）。

表4-119　任课教师对教学反思和研究能力评价与对二级指标评价相关关系

项目		教学反思和研究能力	教学反思能力	教学研究能力
教学反思和研究能力	皮尔逊相关性	1.000	0.730**	0.738**
	Sig.（双尾）		0.000	0.000
	个案数	6756	6756	6756
教学反思能力	皮尔逊相关性	0.730**	1.000	0.829**
	Sig.（双尾）	0.000		0.000
	个案数	6756	6756	6756
教学研究能力	皮尔逊相关性	0.738**	0.829**	1.000
	Sig.（双尾）	0.000	0.000	
	个案数	6756	6756	6756

** 在 0.01 级别（双尾），相关性显著。

通过皮尔逊相关性分析可以看出，管理者对教学反思和研究能力的评价与对教学反思和研究能力的二级指标教学反思能力、教学研究能力的评价之间均存在显著正相关关系（表4-120）。

表 4-120　管理者对教学反思和研究能力评价与对二级指标评价相关关系

项目		教学反思和研究能力	教学反思能力	教学研究能力
教学反思和研究能力	皮尔逊相关性	1.000	0.706**	0.697**
	Sig.（双尾）		0.000	0.000
	个案数	2040	2040	2040
教学反思能力	皮尔逊相关性	0.706**	1.000	0.825**
	Sig.（双尾）	0.000		0.000
	个案数	2040	2040	2040
教学研究能力	皮尔逊相关性	0.697**	0.825**	1.000
	Sig.（双尾）	0.000	0.000	
	个案数	2040	2040	2040

** 在 0.01 级别（双尾），相关性显著。

第五章

全日制教育硕士教学实践能力三级指标测评

第一节 教学基本功三级指标测评

一、教育硕士对教学基本功三级指标的测评

（一）教学基本功三级指标总体测评概况

1. 口语表达能力

从不同教育硕士主体对全日制教育硕士口语表达能力测评的均值看，全体教育硕士的均值为 3.74，在校生的均值为 3.68，毕业生的均值为 3.88（表 5-1~表 5-3）。

表 5-1 全体教育硕士对口语表达能力的测评得分

项目	人数/人	均值	标准偏差
口语表达能力	31 085	3.74	0.779
有效个案数（成列）	31 085		

表 5-2　在校生对口语表达能力的测评得分

项目	人数/人	均值	标准偏差
口语表达能力	21 634	3.68	0.767
有效个案数（成列）	21 634		

表 5-3　毕业生对口语表达能力的测评得分

项目	人数/人	均值	标准偏差
口语表达能力	9451	3.88	0.789
有效个案数（成列）	9451		

2. 板书书写能力

从不同教育硕士主体对全日制教育硕士板书书写能力测评的均值看，全体教育硕士的均值为 3.63，在校生的均值为 3.58，毕业生的均值为 3.75（表 5-4~表 5-6）。

表 5-4　全体教育硕士对板书书写能力的测评得分

项目	人数/人	均值	标准偏差
板书书写能力	31 085	3.63	0.818
有效个案数（成列）	31 085		

表 5-5　在校生对板书书写能力的测评得分

项目	人数/人	均值	标准偏差
板书书写能力	21 634	3.58	0.800
有效个案数（成列）	21 634		

表 5-6　毕业生对板书书写能力的测评得分

项目	人数/人	均值	标准偏差
板书书写能力	9451	3.75	0.847
有效个案数（成列）	9451		

3. 信息技术应用能力

从不同教育硕士主体对全日制教育硕士信息技术应用能力测评的均值看，全体教育硕士的均值为 3.76，在校生的均值为 3.72，毕业生的均值为 3.86（表 5-7~表 5-9）。

表 5-7　全体教育硕士对信息技术应用能力的测评得分

项目	人数/人	均值	标准偏差
信息技术应用能力	31 085	3.76	0.774
有效个案数（成列）	31 085		

表 5-8　在校生对信息技术应用能力的测评得分

项目	人数/人	均值	标准偏差
信息技术应用能力	21 634	3.72	0.761
有效个案数（成列）	21 634		

表 5-9　毕业生对信息技术应用能力的测评得分

项目	人数/人	均值	标准偏差
信息技术应用能力	9451	3.86	0.793
有效个案数（成列）	9451		

在上述测评基础上，按照三级指标权重系数计算后得到的教学基本功的赋权重均值，全体教育硕士为 3.73，在校生为 3.68，毕业生为 3.86；并且排序从高至低依次为：口语表达能力、信息技术应用能力、板书书写能力（表 5-10~表 5-12）。

表 5-10　全体教育硕士对教学基本功的实际测评得分

项目	均值	权重系数	赋权重均值
口语表达能力	3.74	0.72	2.70
板书书写能力	3.63	0.10	0.37
信息技术应用能力	3.76	0.17	0.65

续表

项目	均值	权重系数	赋权重均值
教学基本功	3.73		3.73

表5-11　在校生对教学基本功的实际测评得分

项目	均值	权重系数	赋权重均值
口语表达能力	3.68	0.72	2.66
板书书写能力	3.58	0.10	0.37
信息技术应用能力	3.72	0.17	0.65
教学基本功	3.67		3.68

表5-12　毕业生对教学基本功的实际测评得分

项目	均值	权重系数	赋权重均值
口语表达能力	3.88	0.72	2.80
板书书写能力	3.75	0.10	0.39
信息技术应用能力	3.86	0.17	0.67
教学基本功	3.87		3.86

（二）教学基本功与三级指标的相关性分析

通过皮尔逊相关性分析可以看出，全体教育硕士对教学基本功的评价与对教学基本功的三级指标口语表达能力、板书书写能力、信息技术应用能力的评价之间存在极其显著正相关关系（表5-13）。

表5-13　全体教育硕士对教学基本功评价与对三级指标评价相关关系

项目		教学基本功	口语表达能力	板书书写能力	信息技术应用能力
教学基本功	皮尔逊相关性	1.000	0.830**	0.775**	0.758**
	Sig.（双尾）		0.000	0.000	0.000
	个案数	31 085	31 085	31 085	31 085

续表

项目		教学基本功	口语表达能力	板书书写能力	信息技术应用能力
口语表达能力	皮尔逊相关性	0.830**	1.000	0.753**	0.761**
	Sig.（双尾）	0.000		0.000	0.000
	个案数	31 085	31 085	31 085	31 085
板书书写能力	皮尔逊相关性	0.775**	0.753**	1.000	0.726**
	Sig.（双尾）	0.000	0.000		0.000
	个案数	31 085	31 085	31 085	31 085
信息技术应用能力	皮尔逊相关性	0.758**	0.761**	0.726**	1.000
	Sig.（双尾）	0.000	0.000	0.000	
	个案数	31 085	31 085	31 085	31 085

** 在0.01级别（双尾），相关性显著。

通过皮尔逊相关性分析可以看出，在校生对教学基本功的评价与对教学基本功的三级指标口语表达能力、板书书写能力、信息技术应用能力的评价之间存在极其显著正相关关系（表5-14）。

表5-14 在校生对教学基本功评价与对三级指标评价相关关系

项目		教学基本功	口语表达能力	板书书写能力	信息技术应用能力
教学基本功	皮尔逊相关性	1.000	0.814**	0.759**	0.744**
	Sig.（双尾）		0.000	0.000	0.000
	个案数	21 634	21 634	21 634	21 634
口语表达能力	皮尔逊相关性	0.814**	1.000	0.736**	0.746**
	Sig.（双尾）	0.000		0.000	0.000
	个案数	21 634	21 634	21 634	21 634
板书书写能力	皮尔逊相关性	0.759**	0.736**	1.000	0.707**
	Sig.（双尾）	0.000	0.000		0.000
	个案数	21 634	21 634	21 634	21 634

续表

项目		教学基本功	口语表达能力	板书书写能力	信息技术应用能力
信息技术应用能力	皮尔逊相关性	0.744**	0.746**	0.707**	1.000
	Sig.(双尾)	0.000	0.000	0.000	
	个案数	21 634	21 634	21 634	21 634

** 在0.01级别（双尾），相关性显著。

通过皮尔逊相关性分析可以看出，毕业生对教学基本功的评价与对教学基本功的三级指标口语表达能力、板书书写能力、信息技术应用能力的评价之间存在极其显著正相关关系（表5-15）。

表5-15 毕业生对教学基本功评价与对三级指标评价相关关系

项目		教学基本功	口语表达能力	板书书写能力	信息技术应用能力
教学基本功	皮尔逊相关性	1.000	0.857**	0.801**	0.781**
	Sig.(双尾)		0.000	0.000	0.000
	个案数	9451	9451	9451	9451
口语表达能力	皮尔逊相关性	0.857**	1.000	0.779**	0.787**
	Sig.(双尾)	0.000		0.000	0.000
	个案数	9451	9451	9451	9451
板书书写能力	皮尔逊相关性	0.801**	0.779**	1.000	0.757**
	Sig.(双尾)	0.000	0.000		0.000
	个案数	9451	9451	9451	9451
信息技术应用能力	皮尔逊相关性	0.781**	0.787**	0.757**	1.000
	Sig.(双尾)	0.000	0.000	0.000	
	个案数	9451	9451	9451	9451

** 在0.01级别（双尾），相关性显著。

二、教师对教学基本功三级指标的测评

(一) 教学基本功三级指标总体测评概况

1. 口语表达能力

从不同教师主体对全日制教育硕士口语表达能力测评的均值看，全体教师的均值为 4.07，理论导师的均值为 3.97，实践导师的均值为 4.26，任课教师的均值为 4.05，管理者的均值为 4.15（表 5-16~表 5-20）。

表 5-16 全体教师对口语表达能力的测评得分

项目	人数/人	均值	标准偏差
口语表达能力	11 443	4.07	0.688
有效个案数（成列）	11 443		

表 5-17 理论导师对口语表达能力的测评得分

项目	人数/人	均值	标准偏差
口语表达能力	6777	3.97	0.677
有效个案数（成列）	6777		

表 5-18 实践导师对口语表达能力的测评得分

项目	人数/人	均值	标准偏差
口语表达能力	2591	4.26	0.639
有效个案数（成列）	2591		

表 5-19 任课教师对口语表达能力的测评得分

项目	人数/人	均值	标准偏差
口语表达能力	6756	4.05	0.684
有效个案数（成列）	6756		

表 5-20 管理者对口语表达能力的测评得分

项目	人数/人	均值	标准偏差
口语表达能力	2040	4.15	0.678
有效个案数（成列）	2040		

2. 板书书写能力

从不同教师主体对全日制教育硕士板书书写能力测评的均值看，全体教师的均值为3.85，理论导师的均值为3.74，实践导师的均值为4.00，任课教师的均值为3.81，管理者的均值为3.92（表5-21~表5-25）。

表 5-21 全体教师对板书书写能力的测评得分

项目	人数/人	均值	标准偏差
板书书写能力	11 443	3.85	0.766
有效个案数（成列）	11 443		

表 5-22 理论导师对板书书写能力的测评得分

	人数/人	均值	标准偏差
板书书写能力	6777	3.74	0.747
有效个案数（成列）	6777		

表 5-23 实践导师对板书书写能力的测评得分

项目	人数/人	均值	标准偏差
板书书写能力	2591	4.00	0.754
有效个案数（成列）	2591		

表 5-24 任课教师对板书书写能力的测评得分

项目	人数/人	均值	标准偏差
板书书写能力	6756	3.81	0.767
有效个案数（成列）	6756		

表 5-25　管理者对板书书写能力的测评得分

项目	人数/人	均值	标准偏差
板书书写能力	2040	3.92	0.766
有效个案数（成列）	2040		

3. 信息技术应用能力

从不同教师主体对全日制教育硕士信息技术应用能力测评的均值看，全体教师的均值为 4.08，理论导师的均值为 3.97，实践导师的均值为 4.33，任课教师的均值为 4.05，管理者的均值为 4.14（表 5-26~表 5-30）。

表 5-26　全体教师对信息技术应用能力的测评得分

项目	人数/人	均值	标准偏差
信息技术应用能力	11 443	4.08	0.701
有效个案数（成列）	11 443		

表 5-27　理论导师对信息技术应用能力的测评得分

项目	人数/人	均值	标准偏差
信息技术应用能力	6777	3.97	0.692
有效个案数（成列）	6777		

表 5-28　实践导师对信息技术应用能力的测评得分

项目	人数/人	均值	标准偏差
信息技术应用能力	2591	4.33	0.630
有效个案数（成列）	2591		

表 5-29　任课教师对信息技术应用能力的测评得分

项目	人数/人	均值	标准偏差
信息技术应用能力	6756	4.05	0.700
有效个案数（成列）	6756		

表 5-30 管理者对信息技术应用能力的测评得分

项目	人数/人	均值	标准偏差
信息技术应用能力	2040	4.14	0.692
有效个案数（成列）	2040		

在上述测评基础上，按照三级指标权重系数计算后得到的教学基本功的赋权重均值，全体教师的均值为4.05，理论导师的均值为3.95，实践导师的均值为4.24，任课教师的均值为4.02，管理者的均值为4.12；并且排序从高至低依次为：口语表达能力、信息技术应用能力、板书书写能力（表5-31~表5-35）。

表 5-31 全体教师对教学基本功的实际测评得分

项目	均值	权重系数	赋权重均值
口语表达能力	4.07	0.72	2.94
板书书写能力	3.85	0.10	0.40
信息技术应用能力	4.08	0.17	0.71
教学基本功	3.99		4.05

表 5-32 理论导师对教学基本功的实际测评得分

项目	均值	权重系数	赋权重均值
口语表达能力	3.97	0.72	2.87
板书书写能力	3.74	0.10	0.39
信息技术应用能力	3.97	0.17	0.69
教学基本功	3.89		3.95

表 5-33 实践导师对教学基本功的实际测评得分

项目	均值	权重系数	赋权重均值
口语表达能力	4.26	0.72	3.08
板书书写能力	4.00	0.10	0.41
信息技术应用能力	4.33	0.17	0.75

第五章　全日制教育硕士教学实践能力三级指标测评

续表

项目	均值	权重系数	赋权重均值
教学基本功	4.15		4.24

表 5-34　任课教师对教学基本功的实际测评得分

项目	均值	权重系数	赋权重均值
口语表达能力	4.05	0.72	2.93
板书书写能力	3.81	0.10	0.39
信息技术应用能力	4.05	0.17	0.71
教学基本功	3.96		4.02

表 5-35　管理者对教学基本功的实际测评得分

项目	均值	权重系数	赋权重均值
口语表达能力	4.15	0.72	3.00
板书书写能力	3.92	0.10	0.40
信息技术应用能力	4.14	0.17	0.72
教学基本功	4.08		4.12

(二) 教学基本功与三级指标的相关性分析

通过皮尔逊相关性分析可以看出，全体教师对教学基本功的评价与对教学基本功的三级指标口语表达能力、板书书写能力、信息技术应用能力的评价之间存在极其显著正相关关系（表 5-36）。

表 5-36　全体教师对教学基本功评价与对三级指标评价相关关系

项目		教学基本功	口语表达能力	板书书写能力	信息技术应用能力
教学基本功	皮尔逊相关性	1.000	0.810**	0.772**	0.722**
	Sig.(双尾)		0.000	0.000	0.000
	个案数	11 443	11 443	11 443	11 443

续表

项目		教学基本功	口语表达能力	板书书写能力	信息技术应用能力
口语表达能力	皮尔逊相关性	0.810**	1.000	0.745**	0.753**
	Sig.(双尾)	0.000		0.000	0.000
	个案数	11 443	11 443	11 443	11 443
板书书写能力	皮尔逊相关性	0.772**	0.745**	1.000	0.694**
	Sig.(双尾)	0.000	0.000		0.000
	个案数	11 443	11 443	11 443	11 443
信息技术应用能力	皮尔逊相关性	0.722**	0.753**	0.694**	1.000
	Sig.(双尾)	0.000	0.000	0.000	
	个案数	11 443	11 443	11 443	11 443

** 在0.01级别（双尾），相关性显著。

通过皮尔逊相关性分析可以看出，理论导师对教学基本功的评价与对教学基本功的三级指标口语表达能力、板书书写能力、信息技术应用能力的评价之间存在极其显著正相关关系（表5-37）。

表5-37　理论导师对教学基本功评价与对三级指标评价相关关系

项目		教学基本功	口语表达能力	板书书写能力	信息技术应用能力
教学基本功	皮尔逊相关性	1.000	0.797**	0.748**	0.705**
	Sig.(双尾)		0.000	0.000	0.000
	个案数	6777	6777	6777	6777
口语表达能力	皮尔逊相关性	0.797**	1.000	0.721**	0.732**
	Sig.(双尾)	0.000		0.000	0.000
	个案数	6777	6777	6777	6777
板书书写能力	皮尔逊相关性	0.748**	0.721**	1.000	0.680**
	Sig.(双尾)	0.000	0.000		0.000
	个案数	6777	6777	6777	6777

续表

项目		教学基本功	口语表达能力	板书书写能力	信息技术应用能力
信息技术应用能力	皮尔逊相关性	0.705**	0.732**	0.680**	1.000
	Sig.（双尾）	0.000	0.000	0.000	
	个案数	6777	6777	6777	6777

** 在0.01级别（双尾），相关性显著。

通过皮尔逊相关性分析可以看出，实践导师对教学基本功的评价与对教学基本功的三级指标口语表达能力、板书书写能力、信息技术应用能力的评价之间存在极其显著正相关关系（表5-38）。

表5-38　实践导师对教学基本功评价与对三级指标评价相关关系

项目		教学基本功	口语表达能力	板书书写能力	信息技术应用能力
教学基本功	皮尔逊相关性	1.000	0.789**	0.764**	0.683**
	Sig.（双尾）		0.000	0.000	0.000
	个案数	2591	2591	2591	2591
口语表达能力	皮尔逊相关性	0.789**	1.000	0.735**	0.739**
	Sig.（双尾）	0.000		0.000	0.000
	个案数	2591	2591	2591	2591
板书书写能力	皮尔逊相关性	0.764**	0.735**	1.000	0.646**
	Sig.（双尾）	0.000	0.000		0.000
	个案数	2591	2591	2591	2591
信息技术应用能力	皮尔逊相关性	0.683**	0.739**	0.646**	1.000
	Sig.（双尾）	0.000	0.000	0.000	
	个案数	2591	2591	2591	2591

** 在0.01级别（双尾），相关性显著。

通过皮尔逊相关性分析可以看出，任课教师对教学基本功的评价与对教学基本功的三级指标口语表达能力、板书书写能力、信息技术应用能力的评价之间存在极其显著正相关关系（表5-39）。

表 5-39　任课教师对教学基本功评价与对三级指标评价相关关系

项目		教学基本功	口语表达能力	板书书写能力	信息技术应用能力
教学基本功	皮尔逊相关性	1.000	0.801**	0.764**	0.711**
	Sig.(双尾)		0.000	0.000	0.000
	个案数	6756	6756	6756	6756
口语表达能力	皮尔逊相关性	0.801**	1.000	0.737**	0.744**
	Sig.(双尾)	0.000		0.000	0.000
	个案数	6756	6756	6756	6756
板书书写能力	皮尔逊相关性	0.764**	0.737**	1.000	0.688**
	Sig.(双尾)	0.000	0.000		0.000
	个案数	6756	6756	6756	6756
信息技术应用能力	皮尔逊相关性	0.711**	0.744**	0.688**	1.000
	Sig.(双尾)	0.000	0.000	0.000	
	个案数	6756	6756	6756	6756

** 在0.01级别（双尾），相关性显著。

通过皮尔逊相关性分析可以看出，管理者对教学基本功的评价与对教学基本功的三级指标口语表达能力、板书书写能力、信息技术应用能力的评价之间存在极其显著正相关关系（表5-40）。

表 5-40　管理者对教学基本功评价与对三级指标评价相关关系

项目		教学基本功	口语表达能力	板书书写能力	信息技术应用能力
教学基本功	皮尔逊相关性	1.000	0.814**	0.754**	0.704**
	Sig.(双尾)		0.000	0.000	0.000
	个案数	2040	2040	2040	2040
口语表达能力	皮尔逊相关性	0.814**	1.000	0.739**	0.751**
	Sig.(双尾)	0.000		0.000	0.000
	个案数	2040	2040	2040	2040

续表

项目		教学基本功	口语表达能力	板书书写能力	信息技术应用能力
板书书写能力	皮尔逊相关性	0.754**	0.739**	1.000	0.692**
	Sig.(双尾)	0.000	0.000		0.000
	个案数	2040	2040	2040	2040
信息技术应用能力	皮尔逊相关性	0.704**	0.751**	0.692**	1.000
	Sig.(双尾)	0.000	0.000	0.000	
	个案数	2040	2040	2040	2040

** 在0.01级别（双尾），相关性显著。

第二节 教学设计能力三级指标测评

一、教育硕士对教学设计能力三级指标的测评

（一）教学设计能力三级指标总体测评概况

1. 课程标准分析能力

从不同教育硕士主体对全日制教育硕士课程标准分析能力测评的均值看，全体教育硕士的均值为3.72，在校生的均值为3.66，毕业生的均值为3.85（表5-41~表5-43）。

表5-41 全体教育硕士对课程标准分析能力的测评得分

项目	人数/人	均值	标准偏差
课程标准分析能力	31 085	3.72	0.778
有效个案数（成列）	31 085		

表5-42 在校生对课程标准分析能力的测评得分

项目	人数/人	均值	标准偏差
课程标准分析能力	21 634	3.66	0.762

续表

项目	人数/人	均值	标准偏差
有效个案数（成列）	21 634		

表5-43 毕业生对课程标准分析能力的测评得分

项目	人数/人	均值	标准偏差
课程标准分析能力	9451	3.85	0.799
有效个案数（成列）	9451		

2. 教材分析能力

从不同教育硕士主体对全日制教育硕士教材分析能力测评的均值看，全体教育硕士的均值为3.74，在校生的均值为3.68，毕业生的均值为3.87（表5-4~表5-46）。

表5-44 全体教育硕士对教材分析能力的测评得分

项目	人数/人	均值	标准偏差
教材分析能力	31 085	3.74	0.770
有效个案数（成列）	31 085		

表5-45 在校生对教材分析能力的测评得分

项目	人数/人	均值	标准偏差
教材分析能力	21 634	3.68	0.754
有效个案数（成列）	21 634		

表5-46 毕业生对教材分析能力的测评得分

项目	人数/人	均值	标准偏差
教材分析能力	9451	3.87	0.792
有效个案数（成列）	9451		

3. 学情分析能力

从不同教育硕士主体对全日制教育硕士学情分析能力测评的均值看，全体教育硕士的均值为3.73，在校生的均值为3.67，毕业生的均值为3.86（表5-47~表5-49）。

表5-47 全体教育硕士对学情分析能力的测评得分

项目	人数/人	均值	标准偏差
学情分析能力	31 085	3.73	0.774
有效个案数（成列）	31 085		

表5-48 在校生对学情分析能力的测评得分

项目	人数/人	均值	标准偏差
学情分析能力	21 634	3.67	0.757
有效个案数（成列）	21 634		

表5-49 毕业生对学情分析能力的测评得分

项目	人数/人	均值	标准偏差
学情分析能力	9451	3.86	0.794
有效个案数（成列）	9451		

4. 教学目标拟定能力

从不同教育硕士主体对全日制教育硕士教学目标拟定能力测评的均值看，全体教育硕士的均值为3.73，在校生的均值为3.68，毕业生的均值为3.86（表5-50~表5-52）。

表5-50 全体教育硕士对教学目标拟定能力的测评得分

项目	人数/人	均值	标准偏差
教学目标拟定能力	31 085	3.73	0.765
有效个案数（成列）	31 085		

表 5-51 在校生对教学目标拟定能力的测评得分

项目	人数/人	均值	标准偏差
教学目标拟定能力	21 634	3.68	0.749
有效个案数（成列）	21 634		

表 5-52 毕业生对教学目标拟定能力的测评得分

项目	人数/人	均值	标准偏差
教学目标拟定能力	9451	3.86	0.788
有效个案数（成列）	9451		

5. 教学过程设计能力

从不同教育硕士主体对全日制教育硕士教学过程设计能力测评的均值看，全体教育硕士的均值为 3.73，在校生的均值为 3.68，毕业生的均值为 3.87（表 5-53~表 5-55）。

表 5-53 全体教育硕士对教学过程设计能力的测评得分

项目	人数/人	均值	标准偏差
教学过程设计能力	31 085	3.73	0.759
有效个案数（成列）	31 085		

表 5-54 在校生对教学过程设计能力的测评得分

项目	人数/人	均值	标准偏差
教学过程设计能力	21 634	3.68	0.744
有效个案数（成列）	21 634		

表 5-55 毕业生对教学过程设计能力的测评得分

项目	人数/人	均值	标准偏差
教学过程设计能力	9451	3.87	0.778
有效个案数（成列）	9451		

6. 教学策略设计能力

从不同教育硕士主体对全日制教育硕士教学策略设计能力测评的均值看，全体教育硕士的均值为 3.72，在校生的均值为 3.66，毕业生的均值为 3.85（表 5-56~表 5-58）。

表 5-56　全体教育硕士对教学策略设计能力的测评得分

项目	人数/人	均值	标准偏差
教学策略设计能力	31 085	3.72	0.769
有效个案数（成列）	31 085		

表 5-57　在校生对教学策略设计能力的测评得分

项目	人数/人	均值	标准偏差
教学策略设计能力	21 634	3.66	0.752
有效个案数（成列）	21 634		

表 5-58　毕业生对教学策略设计能力的测评得分

项目	人数/人	均值	标准偏差
教学策略设计能力	9451	3.85	0.789
有效个案数（成列）	9451		

7. 教学资源及教具筛选能力

从不同教育硕士主体对全日制教育硕士教学资源及教具筛选能力测评的均值看，全体教育硕士的均值为 3.75，在校生的均值为 3.70，毕业生的均值为 3.88（表 5-59~表 5-61）。

表 5-59　全体教育硕士对教学资源及教具筛选能力的测评得分

项目	人数/人	均值	标准偏差
教学资源及教具筛选能力	31 085	3.75	0.761
有效个案数（成列）	31 085		

表 5-60 在校生对教学资源及教具筛选能力的测评得分

项目	人数/人	均值	标准偏差
教学资源及教具筛选能力	21 634	3.70	0.747
有效个案数（成列）	21 634		

表 5-61 毕业生对教学资源及教具筛选能力的测评得分

项目	人数/人	均值	标准偏差
教学资源及教具筛选能力	9451	3.88	0.777
有效个案数（成列）	9451		

在上述测评基础上，按照三级指标权重系数计算后得到的教学设计能力的赋权重均值，全体教育硕士为 3.73，在校生为 3.67，毕业生为 3.86；并且排序从高至低依次为：教材分析能力、学情分析能力、课程标准分析能力、教学目标拟定能力、教学策略设计能力、教学过程设计能力、教学资源及教具筛选能力（表 5-62~表 5-64）。

表 5-62 全体教育硕士对教学设计能力的实际测评得分

项目	均值	权重系数	赋权重均值
课程标准分析能力	3.72	0.15	0.57
教材分析能力	3.74	0.35	1.29
学情分析能力	3.73	0.19	0.70
教学目标拟定能力	3.73	0.12	0.44
教学过程设计能力	3.73	0.07	0.25
教学策略设计能力	3.72	0.09	0.35
教学资源及教具筛选能力	3.75	0.03	0.13
教学设计能力	3.74		3.73

表 5-63 在校生对教学设计能力的实际测评得分

项目	均值	权重系数	赋权重均值
课程标准分析能力	3.66	0.15	0.56

续表

项目	均值	权重系数	赋权重均值
教材分析能力	3.68	0.35	1.27
学情分析能力	3.67	0.19	0.69
教学目标拟定能力	3.68	0.12	0.44
教学过程设计能力	3.68	0.07	0.25
教学策略设计能力	3.66	0.09	0.35
教学资源及教具筛选能力	3.70	0.03	0.12
教学设计能力	3.69		3.67

表 5-64 毕业生对教学设计能力的实际测评得分

项目	均值	权重系数	赋权重均值
课程标准分析能力	3.85	0.15	0.59
教材分析能力	3.87	0.35	1.34
学情分析能力	3.86	0.19	0.73
教学目标拟定能力	3.86	0.12	0.46
教学过程设计能力	3.87	0.07	0.26
教学策略设计能力	3.85	0.09	0.36
教学资源及教具筛选能力	3.88	0.03	0.13
教学设计能力	3.87		3.86

（二）教学设计能力与三级指标的相关性分析

通过皮尔逊相关性分析可以看出，全体教育硕士对教学设计能力的评价与对教学设计能力的三级指标课程标准分析能力、教材分析能力、学情分析能力、教学目标拟定能力、教学过程设计能力、教学策略设计能力、教学资源及教具筛选能力的评价之间存在极其显著正相关关系（表5-65）。

表 5-65　全体教育硕士对教学设计能力评价与对三级指标评价相关关系

项目		教学设计能力	课程标准分析能力	教材分析能力	学情分析能力	教学目标拟定能力	教学过程设计能力	教学策略设计能力	教学资源及教具筛选能力
教学设计能力	皮尔逊相关性	1.000	0.860**	0.860**	0.833**	0.855**	0.870**	0.847**	0.828**
	Sig.（双尾）		0.000	0.000	0.000	0.000	0.000	0.000	0.000
	个案数	31 085	31 085	31 085	31 085	31 085	31 085	31 085	31 085
课程标准分析能力	皮尔逊相关性	0.860**	1.000	0.883**	0.850**	0.858**	0.840**	0.845**	0.822**
	Sig.（双尾）	0.000		0.000	0.000	0.000	0.000	0.000	0.000
	个案数	31 085	31 085	31 085	31 085	31 085	31 085	31 085	31 085
教材分析能力	皮尔逊相关性	0.860**	0.883**	1.000	0.865**	0.871**	0.854**	0.847**	0.833**
	Sig.（双尾）	0.000	0.000		0.000	0.000	0.000	0.000	0.000
	个案数	31 085	31 085	31 085	31 085	31 085	31 085	31 085	31 085
学情分析能力	皮尔逊相关性	0.833**	0.850**	0.865**	1.000	0.869**	0.840**	0.839**	0.825**
	Sig.（双尾）	0.000	0.000	0.000		0.000	0.000	0.000	0.000
	个案数	31 085	31 085	31 085	31 085	31 085	31 085	31 085	31 085
教学目标拟定能力	皮尔逊相关性	0.855**	0.858**	0.871**	0.869**	1.000	0.863**	0.858**	0.846**
	Sig.（双尾）	0.000	0.000	0.000	0.000		0.000	0.000	0.000
	个案数	31 085	31 085	31 085	31 085	31 085	31 085	31 085	31 085
教学过程设计能力	皮尔逊相关性	0.870**	0.840**	0.854**	0.840**	0.863**	1.000	0.892**	0.869**
	Sig.（双尾）	0.000	0.000	0.000	0.000	0.000		0.000	0.000
	个案数	31 085	31 085	31 085	31 085	31 085	31 085	31 085	31 085

续表

项目		教学设计能力	课程标准分析能力	教材分析能力	学情分析能力	教学目标拟定能力	教学过程设计能力	教学策略设计能力	教学资源及教具筛选能力
教学策略设计能力	皮尔逊相关性	0.847**	0.845**	0.847**	0.839**	0.858**	0.892**	1.000	0.862**
	Sig.（双尾）	0.000	0.000	0.000	0.000	0.000	0.000		0.000
	个案数	31 085	31 085	31 085	31 085	31 085	31 085	31 085	31 085
教学资源及教具筛选能力	皮尔逊相关性	0.828**	0.822**	0.833**	0.825**	0.846**	0.869**	0.862**	1.000
	Sig.（双尾）	0.000	0.000	0.000	0.000	0.000	0.000	0.000	
	个案数	31 085	31 085	31 085	31 085	31 085	31 085	31 085	31 085

**在0.01级别（双尾），相关性显著。

通过皮尔逊相关性分析可以看出，在校生对教学设计能力的评价与对教学设计能力的三级指标课程标准分析能力、教材分析能力、学情分析能力、教学目标拟定能力、教学过程设计能力、教学策略设计能力、教学资源及教具筛选能力的评价之间存在极其显著正相关关系（表5-66）。

表5-66 在校生对教学设计能力评价与对三级指标评价相关关系

项目		教学设计能力	课程标准分析能力	教材分析能力	学情分析能力	教学目标拟定能力	教学过程设计能力	教学策略设计能力	教学资源及教具筛选能力
教学设计能力	皮尔逊相关性	1.000	0.846**	0.846**	0.817**	0.842**	0.858**	0.833**	0.812**
	Sig.（双尾）		0.000	0.000	0.000	0.000	0.000	0.000	0.000
	个案数	21 634	21 634	21 634	21 634	21 634	21 634	21 634	21 634

续表

项目		教学设计能力	课程标准分析能力	教材分析能力	学情分析能力	教学目标拟定能力	教学过程设计能力	教学策略设计能力	教学资源及教具筛选能力
课程标准分析能力	皮尔逊相关性	0.846**	1.000	0.872**	0.833**	0.843**	0.822**	0.829**	0.806**
	Sig.（双尾）	0.000		0.000	0.000	0.000	0.000	0.000	0.000
	个案数	21 634	21 634	21 634	21 634	21 634	21 634	21 634	21 634
教材分析能力	皮尔逊相关性	0.846**	0.872**	1.000	0.850**	0.859**	0.839**	0.832**	0.818**
	Sig.（双尾）	0.000	0.000		0.000	0.000	0.000	0.000	0.000
	个案数	21 634	21 634	21 634	21 634	21 634	21 634	21 634	21 634
学情分析能力	皮尔逊相关性	0.817**	0.833**	0.850**	1.000	0.854**	0.823**	0.822**	0.806**
	Sig.（双尾）	0.000	0.000	0.000		0.000	0.000	0.000	0.000
	个案数	21 634	21 634	21 634	21 634	21 634	21 634	21 634	21 634
教学目标拟定能力	皮尔逊相关性	0.842**	0.843**	0.859**	0.854**	1.000	0.850**	0.845**	0.830**
	Sig.（双尾）	0.000	0.000	0.000	0.000		0.000	0.000	0.000
	个案数	21 634	21 634	21 634	21 634	21 634	21 634	21 634	21 634
教学过程设计能力	皮尔逊相关性	0.858**	0.822**	0.839**	0.823**	0.850**	1.000	0.881**	0.855**
	Sig.（双尾）	0.000	0.000	0.000	0.000	0.000		0.000	0.000
	个案数	21 634	21 634	21 634	21 634	21 634	21 634	21 634	21 634

续表

项目		教学设计能力	课程标准分析能力	教材分析能力	学情分析能力	教学目标拟定能力	教学过程设计能力	教学策略设计能力	教学资源及教具筛选能力
教学策略设计能力	皮尔逊相关性	0.833**	0.829**	0.832**	0.822**	0.845**	0.881**	1.000	0.848**
	Sig.（双尾）	0.000	0.000	0.000	0.000	0.000	0.000		0.000
	个案数	21 634	21 634	21 634	21 634	21 634	21 634	21 634	21 634
教学资源及教具筛选能力	皮尔逊相关性	0.812**	0.806**	0.818**	0.806**	0.830**	0.855**	0.848**	1.000
	Sig.（双尾）	0.000	0.000	0.000	0.000	0.000	0.000	0.000	
	个案数	21 634	21 634	21 634	21 634	21 634	21 634	21 634	21 634

** 在0.01级别（双尾），相关性显著。

通过皮尔逊相关性分析可以看出，毕业生对教学设计能力的评价与对教学设计能力的三级指标课程标准分析能力、教材分析能力、学情分析能力、教学目标拟定能力、教学过程设计能力、教学策略设计能力、教学资源及教具筛选能力的评价之间存在极其显著正相关关系（表5-67）。

表5-67　毕业生对教学设计能力评价与对三级指标评价相关关系

项目		教学设计能力	课程标准分析能力	教材分析能力	学情分析能力	教学目标拟定能力	教学过程设计能力	教学策略设计能力	教学资源及教具筛选能力
教学设计能力	皮尔逊相关性	1.000	0.884**	0.883**	0.860**	0.877**	0.889**	0.869**	0.853**
	Sig.（双尾）		0.000	0.000	0.000	0.000	0.000	0.000	0.000
	个案数	9451	9451	9451	9451	9451	9451	9451	9451

续表

项目		教学设计能力	课程标准分析能力	教材分析能力	学情分析能力	教学目标拟定能力	教学过程设计能力	教学策略设计能力	教学资源及教具筛选能力
课程标准分析能力	皮尔逊相关性	0.884**	1.000	0.904**	0.882**	0.884**	0.870**	0.870**	0.849**
	Sig.（双尾）	0.000		0.000	0.000	0.000	0.000	0.000	0.000
	个案数	9451	9451	9451	9451	9451	9451	9451	9451
教材分析能力	皮尔逊相关性	0.883**	0.904**	1.000	0.893**	0.892**	0.880**	0.871**	0.859**
	Sig.（双尾）	0.000	0.000		0.000	0.000	0.000	0.000	0.000
	个案数	9451	9451	9451	9451	9451	9451	9451	9451
学情分析能力	皮尔逊相关性	0.860**	0.882**	0.893**	1.000	0.895**	0.870**	0.868**	0.858**
	Sig.（双尾）	0.000	0.000	0.000		0.000	0.000	0.000	0.000
	个案数	9451	9451	9451	9451	9451	9451	9451	9451
教学目标拟定能力	皮尔逊相关性	0.877**	0.884**	0.892**	0.895**	1.000	0.886**	0.881**	0.872**
	Sig.（双尾）	0.000	0.000	0.000	0.000		0.000	0.000	0.000
	个案数	9451	9451	9451	9451	9451	9451	9451	9451
教学过程设计能力	皮尔逊相关性	0.889**	0.870**	0.880**	0.870**	0.886**	1.000	0.912**	0.893**
	Sig.（双尾）	0.000	0.000	0.000	0.000	0.000		0.000	0.000
	个案数	9451	9451	9451	9451	9451	9451	9451	9451

续表

项目		教学设计能力	课程标准分析能力	教材分析能力	学情分析能力	教学目标拟定能力	教学过程设计能力	教学策略设计能力	教学资源及教具筛选能力
教学策略设计能力	皮尔逊相关性	0.869**	0.870**	0.871**	0.868**	0.881**	0.912**	1.000	0.885**
	Sig.(双尾)	0.000	0.000	0.000	0.000	0.000	0.000		0.000
	个案数	9451	9451	9451	9451	9451	9451	9451	9451
教学资源及教具筛选能力	皮尔逊相关性	0.853**	0.849**	0.859**	0.858**	0.872**	0.893**	0.885**	1.000
	Sig.(双尾)	0.000	0.000	0.000	0.000	0.000	0.000	0.000	
	个案数	9451	9451	9451	9451	9451	9451	9451	9451

** 在0.01级别（双尾），相关性显著。

二、教师对教学设计能力三级指标的测评

（一）教学设计能力三级指标总体测评概况

1. 课程标准分析能力

从不同教师主体对全日制教育硕士课程标准分析能力测评的均值看，全体教师的均值为3.97，理论导师的均值为3.89，实践导师的均值为4.11，任课教师的均值为3.95，管理者的均值为4.05（表5-68~表5-72）。

表5-68 全体教师对课程标准分析能力的测评得分

项目	人数/人	均值	标准偏差
课程标准分析能力	11 443	3.97	0.730
有效个案数（成列）	11 443		

表 5-69　理论导师对课程标准分析能力的测评得分

项目	人数/人	均值	标准偏差
课程标准分析能力	6777	3.89	0.717
有效个案数（成列）	6777		

表 5-70　实践导师对课程标准分析能力的测评得分

项目	人数/人	均值	标准偏差
课程标准分析能力	2591	4.11	0.717
有效个案数（成列）	2591		

表 5-71　任课教师对课程标准分析能力的测评得分

项目	人数/人	均值	标准偏差
课程标准分析能力	6756	3.95	0.733
有效个案数（成列）	6756		

表 5-72　管理者对课程标准分析能力的测评得分

项目	人数/人	均值	标准偏差
课程标准分析能力	2040	4.05	0.719
有效个案数（成列）	2040		

2. 教材分析能力

从不同教师主体对全日制教育硕士教材分析能力测评的均值看，全体教师的均值为3.98，理论导师的均值为3.89，实践导师的均值为4.10，任课教师的均值为3.95，管理者的均值为4.06（表5-73~表5-77）。

表 5-73　全体教师对教材分析能力的测评得分

项目	人数/人	均值	标准偏差
教材分析能力	11 443	3.98	0.733
有效个案数（成列）	11 443		

表 5-74　理论导师对教材分析能力的测评得分

项目	人数/人	均值	标准偏差
教材分析能力	6777	3.89	0.723
有效个案数（成列）	6777		

表 5-75　实践导师对教材分析能力的测评得分

项目	人数/人	均值	标准偏差
教材分析能力	2591	4.10	0.718
有效个案数（成列）	2591		

表 5-76　任课教师对教材分析能力的测评得分

项目	人数/人	均值	标准偏差
教材分析能力	6756	3.95	0.737
有效个案数（成列）	6756		

表 5-77　管理者对教材分析能力的测评得分

项目	人数/人	均值	标准偏差
教材分析能力	2040	4.06	0.732
有效个案数（成列）	2040		

3. 学情分析能力

从不同教师主体对全日制教育硕士学情分析能力测评的均值看，全体教师的均值为3.93，理论导师的均值为3.86，实践导师的均值为3.99，任课教师的均值为3.91，管理者的均值为4.01（表5-78~表5-82）。

表 5-78　全体教师对学情分析能力的测评得分

项目	人数/人	均值	标准偏差
学情分析能力	11 443	3.93	0.744
有效个案数（成列）	11 443		

表 5-79　理论导师对学情分析能力的测评得分

项目	人数/人	均值	标准偏差
学情分析能力	6777	3.86	0.723
有效个案数（成列）	6777		

表 5-80　实践导师对学情分析能力的测评得分

项目	人数/人	均值	标准偏差
学情分析能力	2591	3.99	0.759
有效个案数（成列）	2591		

表 5-81　任课教师对学情分析能力的测评得分

项目	人数/人	均值	标准偏差
学情分析能力	6756	3.91	0.744
有效个案数（成列）	6756		

表 5-82　管理者对学情分析能力的测评得分

项目	人数/人	均值	标准偏差
学情分析能力	2040	4.01	0.751
有效个案数（成列）	2040		

4. 教学目标拟定能力

从不同教师主体对全日制教育硕士教学目标拟定能力测评的均值看，全体教师的均值为3.98，理论导师的均值为3.90，实践导师的均值为3.99，任课教师的均值为3.96，管理者的均值为4.06（表5-83~表5-87）。

表 5-83　全体教师对教学目标拟定能力的测评得分

项目	人数/人	均值	标准偏差
教学目标拟定能力	11 443	3.98	0.724
有效个案数（成列）	11 443		

表 5-84 理论导师对教学目标拟定能力的测评得分

项目	人数/人	均值	标准偏差
教学目标拟定能力	6777	3.90	0.709
有效个案数（成列）	6777		

表 5-85 实践导师对教学目标拟定能力的测评得分

项目	人数/人	均值	标准偏差
教学目标拟定能力	2591	3.99	0.759
有效个案数（成列）	2591		

表 5-86 任课教师对教学目标拟定能力的测评得分

项目	人数/人	均值	标准偏差
教学目标拟定能力	6756	3.96	0.729
有效个案数（成列）	6756		

表 5-87 管理者对教学目标拟定能力的测评得分

项目	人数/人	均值	标准偏差
教学目标拟定能力	2040	4.06	0.713
有效个案数（成列）	2040		

5. 教学过程设计能力

从不同教师主体对全日制教育硕士教学过程设计能力测评的均值看，全体教师的均值为3.99，理论导师的均值为3.92，实践导师的均值为4.10，任课教师的均值为3.97，管理者的均值为4.09（表5-88~表5-92）。

表 5-88 全体教师对教学过程设计能力的测评得分

项目	人数/人	均值	标准偏差
教学过程设计能力	11 443	3.99	0.707
有效个案数（成列）	11 443		

表 5-89 理论导师对教学过程设计能力的测评得分

项目	人数/人	均值	标准偏差
教学过程设计能力	6777	3.92	0.693
有效个案数（成列）	6777		

表 5-90 实践导师对教学过程设计能力的测评得分

项目	人数/人	均值	标准偏差
教学过程设计能力	2591	4.10	0.696
有效个案数（成列）	2591		

表 5-91 任课教师对教学过程设计能力的测评得分

项目	人数/人	均值	标准偏差
教学过程设计能力	6756	3.97	0.709
有效个案数（成列）	6756		

表 5-92 管理者对教学过程设计能力的测评得分

项目	人数/人	均值	标准偏差
教学过程设计能力	2040	4.09	0.702
有效个案数（成列）	2040		

6. 教学策略设计能力

从不同教师主体对全日制教育硕士教学策略设计能力测评的均值看，全体教师的均值为3.95，理论导师的均值为3.87，实践导师的均值为4.08，任课教师的均值为3.93，管理者的均值为4.03（表5-93~表5-97）。

表 5-93 全体教师对教学策略设计能力的测评得分

项目	人数/人	均值	标准偏差
教学策略设计能力	11 443	3.95	0.727
有效个案数（成列）	11 443		

表 5-94　理论导师对教学策略设计能力的测评得分

项目	人数/人	均值	标准偏差
教学策略设计能力	6777	3.87	0.714
有效个案数（成列）	6777		

表 5-95　实践导师对教学策略设计能力的测评得分

项目	人数/人	均值	标准偏差
教学策略设计能力	2591	4.08	0.712
有效个案数（成列）	2591		

表 5-96　任课教师对教学策略设计能力的测评得分

项目	人数/人	均值	标准偏差
教学策略设计能力	6756	3.93	0.730
有效个案数（成列）	6756		

表 5-97　管理者对教学策略设计能力的测评得分

项目	人数/人	均值	标准偏差
教学策略设计能力	2040	4.03	0.719
有效个案数（成列）	2040		

7. 教学资源及教具筛选能力

从不同教师主体对全日制教育硕士教学资源及教具筛选能力测评的均值看，全体教师的均值为4.00，理论导师的均值为3.91，实践导师的均值为4.17，任课教师的均值为3.98，管理者的均值为4.08（表5-98~表5-102）。

表 5-98　全体教师对教学资源及教具筛选能力的测评得分

项目	人数/人	均值	标准偏差
教学资源及教具筛选能力	11 443	4.00	0.713

续表

项目	人数/人	均值	标准偏差
有效个案数（成列）	11 443		

表5-99　理论导师对教学资源及教具筛选能力的测评得分

项目	人数/人	均值	标准偏差
教学资源及教具筛选能力	6777	3.91	0.706
有效个案数（成列）	6777		

表5-100　实践导师对教学资源及教具筛选能力的测评得分

项目	人数/人	均值	标准偏差
教学资源及教具筛选能力	2591	4.17	0.679
有效个案数（成列）	2591		

表5-101　任课教师对教学资源及教具筛选能力的测评得分

项目	人数/人	均值	标准偏差
教学资源及教具筛选能力	6756	3.98	0.713
有效个案数（成列）	6756		

表5-102　管理者对教学资源及教具筛选能力的测评得分

项目	人数/人	均值	标准偏差
教学资源及教具筛选能力	2040	4.08	0.707
有效个案数（成列）	2040		

在上述测评基础上，按照三级指标权重系数计算后得到的教学设计能力的赋权重均值，全体教师为3.97，理论导师为3.89，实践导师为4.08，任课教师为3.94，管理者为4.05；并且排序从高至低依次为：教材分析能力、学情分析能力、课程标准分析能力、教学目标拟定能力、教学策略设

计能力、教学过程设计能力、教学资源及教具筛选能力（表 5-103~表 5-107）。

表 5-103 全体教师对教学设计能力的实际测评得分

项目	均值	权重系数	赋权重均值
课程标准分析能力	3.97	0.15	0.61
教材分析能力	3.98	0.35	1.37
学情分析能力	3.93	0.19	0.74
教学目标拟定能力	3.98	0.12	0.47
教学过程设计能力	3.99	0.07	0.27
教学策略设计能力	3.95	0.09	0.37
教学资源及教具筛选能力	4.00	0.03	0.13
教学设计能力	4.00		3.97

表 5-104 理论导师对教学设计能力的实际测评得分

项目	均值	权重系数	赋权重均值
课程标准分析能力	3.89	0.15	0.59
教材分析能力	3.89	0.35	1.34
学情分析能力	3.86	0.19	0.73
教学目标拟定能力	3.90	0.12	0.46
教学过程设计能力	3.92	0.07	0.26
教学策略设计能力	3.87	0.09	0.36
教学资源及教具筛选能力	3.91	0.03	0.13
教学设计能力	3.93		3.89

表 5-105 实践导师对教学设计能力的实际测评得分

项目	均值	权重系数	赋权重均值
课程标准分析能力	4.11	0.15	0.63
教材分析能力	4.10	0.35	1.41
学情分析能力	3.99	0.19	0.75

续表

项目	均值	权重系数	赋权重均值
教学目标拟定能力	4.10	0.12	0.49
教学过程设计能力	4.10	0.07	0.27
教学策略设计能力	4.08	0.09	0.38
教学资源及教具筛选能力	4.17	0.03	0.14
教学设计能力	4.12		4.08

表 5-106　任课教师对教学设计能力的实际测评得分

课程标准分析能力	3.95	0.15	0.60
教材分析能力	3.95	0.35	1.36
学情分析能力	3.91	0.19	0.74
教学目标拟定能力	3.96	0.12	0.47
教学过程设计能力	3.97	0.07	0.26
教学策略设计能力	3.93	0.09	0.37
教学资源及教具筛选能力	3.98	0.03	0.13
教学设计能力	3.99		3.94

表 5-107　管理者对教学设计能力的实际测评得分

项目	均值	权重系数	赋权重均值
课程标准分析能力	4.05	0.15	0.62
教材分析能力	4.06	0.35	1.40
学情分析能力	4.01	0.19	0.76
教学目标拟定能力	4.06	0.12	0.48
教学过程设计能力	4.09	0.07	0.27
教学策略设计能力	4.03	0.09	0.38
教学资源及教具筛选能力	4.08	0.03	0.14
教学设计能力	4.08		4.05

(二) 教学设计能力与三级指标的相关性分析

通过皮尔逊相关性分析可以看出，全体教师对教学设计能力的评价与对教学设计能力的三级指标课程标准分析能力、教材分析能力、学情分析能力、教学目标拟定能力、教学过程设计能力、教学策略设计能力、教学资源及教具筛选能力的评价之间存在极其显著正相关关系（表5-108）。

表5-108　全体教师对教学设计能力评价与对三级指标评价相关关系

项目		教学设计能力	课程标准分析能力	教材分析能力	学情分析能力	教学目标拟定能力	教学过程设计能力	教学策略设计能力	教学资源及教具筛选能力
教学设计能力	皮尔逊相关性	1.000	0.850**	0.845**	0.822**	0.839**	0.851**	0.833**	0.798**
	Sig.（双尾）		0.000	0.000	0.000	0.000	0.000	0.000	0.000
	个案数	11 443	11 443	11 443	11 443	11 443	11 443	11 443	11 443
课程标准分析能力	皮尔逊相关性	0.850**	1.000	0.879**	0.840**	0.844**	0.829**	0.826**	0.801**
	Sig.（双尾）	0.000		0.000	0.000	0.000	0.000	0.000	0.000
	个案数	11 443	11 443	11 443	11 443	11 443	11 443	11 443	11 443
教材分析能力	皮尔逊相关性	0.845**	0.879**	1.000	0.851**	0.850**	0.839**	0.830**	0.802**
	Sig.（双尾）	0.000	0.000		0.000	0.000	0.000	0.000	0.000
	个案数	11 443	11 443	11 443	11 443	11 443	11 443	11 443	11 443
学情分析能力	皮尔逊相关性	0.822**	0.840**	0.851**	1.000	0.854**	0.827**	0.828**	0.793**
	Sig.（双尾）	0.000	0.000	0.000		0.000	0.000	0.000	0.000
	个案数	11 443	11 443	11 443	11 443	11 443	11 443	11 443	11 443

续表

项目		教学设计能力	课程标准分析能力	教材分析能力	学情分析能力	教学目标拟定能力	教学过程设计能力	教学策略设计能力	教学资源及教具筛选能力
教学目标拟定能力	皮尔逊相关性	0.839**	0.844**	0.850**	0.854**	1.000	0.853**	0.845**	0.817**
	Sig.（双尾）	0.000	0.000	0.000	0.000		0.000	0.000	0.000
	个案数	11 443	11 443	11 443	11 443	11 443	11 443	11 443	11 443
教学过程设计能力	皮尔逊相关性	0.851**	0.829**	0.839**	0.827**	0.853**	1.000	0.883**	0.832**
	Sig.（双尾）	0.000	0.000	0.000	0.000	0.000		0.000	0.000
	个案数	11 443	11 443	11 443	11 443	11 443	11 443	11 443	11 443
教学策略设计能力	皮尔逊相关性	0.833**	0.826**	0.830**	0.828**	0.845**	0.883**	1.000	0.833**
	Sig.（双尾）	0.000	0.000	0.000	0.000	0.000	0.000		0.000
	个案数	11 443	11 443	11 443	11 443	11 443	11 443	11 443	11 443
教学资源及教具筛选能力	皮尔逊相关性	0.798**	0.801**	0.802**	0.793**	0.817**	0.832**	0.833**	1.000
	Sig.（双尾）	0.000	0.000	0.000	0.000	0.000	0.000	0.000	
	个案数	11 443	11 443	11 443	11 443	11 443	11 443	11 443	11 443

**在0.01级别（双尾），相关性显著。

通过皮尔逊相关性分析可以看出，理论导师对教学设计能力的评价与对教学设计能力的三级指标课程标准分析能力、教材分析能力、学情分析能力、教学目标拟定能力、教学过程设计能力、教学策略设计能力、教学资源及教具筛选能力的评价之间存在极其显著正相关关系（表5-109）。

表 5-109 理论导师对教学设计能力评价与对三级指标评价相关关系

项目		教学设计能力	课程标准分析能力	教材分析能力	学情分析能力	教学目标拟定能力	教学过程设计能力	教学策略设计能力	教学资源及教具筛选能力
教学设计能力	皮尔逊相关性	1.000	0.835**	0.828**	0.805**	0.824**	0.834**	0.812**	0.785**
	Sig.（双尾）		0.000	0.000	0.000	0.000	0.000	0.000	0.000
	个案数	6777	6777	6777	6777	6777	6777	6777	6777
课程标准分析能力	皮尔逊相关性	0.835**	1.000	0.866**	0.823**	0.827**	0.811**	0.807**	0.786**
	Sig.（双尾）	0.000		0.000	0.000	0.000	0.000	0.000	0.000
	个案数	6777	6777	6777	6777	6777	6777	6777	6777
教材分析能力	皮尔逊相关性	0.828**	0.866**	1.000	0.838**	0.835**	0.820**	0.809**	0.787**
	Sig.（双尾）	0.000	0.000		0.000	0.000	0.000	0.000	0.000
	个案数	6777	6777	6777	6777	6777	6777	6777	6777
学情分析能力	皮尔逊相关性	0.805**	0.823**	0.838**	1.000	0.839**	0.810**	0.810**	0.784**
	Sig.（双尾）	0.000	0.000	0.000		0.000	0.000	0.000	0.000
	个案数	6777	6777	6777	6777	6777	6777	6777	6777
教学目标拟定能力	皮尔逊相关性	0.824**	0.827**	0.835**	0.839**	1.000	0.842**	0.831**	0.802**
	Sig.（双尾）	0.000	0.000	0.000	0.000		0.000	0.000	0.000
	个案数	6777	6777	6777	6777	6777	6777	6777	6777

续表

项目		教学设计能力	课程标准分析能力	教材分析能力	学情分析能力	教学目标拟定能力	教学过程设计能力	教学策略设计能力	教学资源及教具筛选能力
教学过程设计能力	皮尔逊相关性	0.834**	0.811**	0.820**	0.810**	0.842**	1.000	0.870**	0.821**
	Sig.（双尾）	0.000	0.000	0.000	0.000	0.000		0.000	0.000
	个案数	6777	6777	6777	6777	6777	6777	6777	6777
教学策略设计能力	皮尔逊相关性	0.812**	0.807**	0.809**	0.810**	0.831**	0.870**	1.000	0.817**
	Sig.（双尾）	0.000	0.000	0.000	0.000	0.000	0.000		0.000
	个案数	6777	6777	6777	6777	6777	6777	6777	6777
教学资源及教具筛选能力	皮尔逊相关性	0.785**	0.786**	0.787**	0.784**	0.802**	0.821**	0.817**	1.000
	Sig.（双尾）	0.000	0.000	0.000	0.000	0.000	0.000	0.000	
	个案数	6777	6777	6777	6777	6777	6777	6777	6777

** 在0.01级别（双尾），相关性显著。

通过皮尔逊相关性分析可以看出，实践导师对教学设计能力的评价与对教学设计能力的三级指标课程标准分析能力、教材分析能力、学情分析能力、教学目标拟定能力、教学过程设计能力、教学策略设计能力、教学资源及教具筛选能力的评价之间存在极其显著正相关关系（表5-110）。

表 5-110 实践导师对教学设计能力评价与对三级指标评价相关关系

项目		教学设计能力	课程标准分析能力	教材分析能力	学情分析能力	教学目标拟定能力	教学过程设计能力	教学策略设计能力	教学资源及教具筛选能力
教学设计能力	皮尔逊相关性	1.000	0.845**	0.833**	0.819**	0.838**	0.855**	0.844**	0.785**
	Sig.（双尾）		0.000	0.000	0.000	0.000	0.000	0.000	0.000
	个案数	2591	2591	2591	2591	2591	2591	2591	2591
课程标准分析能力	皮尔逊相关性	0.845**	1.000	0.876**	0.839**	0.843**	0.831**	0.827**	0.782**
	Sig.（双尾）	0.000		0.000	0.000	0.000	0.000	0.000	0.000
	个案数	2591	2591	2591	2591	2591	2591	2591	2591
教材分析能力	皮尔逊相关性	0.833**	0.876**	1.000	0.844**	0.843**	0.841**	0.830**	0.785**
	Sig.（双尾）	0.000	0.000		0.000	0.000	0.000	0.000	0.000
	个案数	2591	2591	2591	2591	2591	2591	2591	2591
学情分析能力	皮尔逊相关性	0.819**	0.839**	0.844**	1.000	0.847**	0.827**	0.835**	0.760**
	Sig.（双尾）	0.000	0.000	0.000		0.000	0.000	0.000	0.000
	个案数	2591	2591	2591	2591	2591	2591	2591	2591
教学目标拟定能力	皮尔逊相关性	0.838**	0.843**	0.843**	0.847**	1.000	0.842**	0.836**	0.804**
	Sig.（双尾）	0.000	0.000	0.000	0.000		0.000	0.000	0.000
	个案数	2591	2591	2591	2591	2591	2591	2591	2591

续表

项目		教学设计能力	课程标准分析能力	教材分析能力	学情分析能力	教学目标拟定能力	教学过程设计能力	教学策略设计能力	教学资源及教具筛选能力
教学过程设计能力	皮尔逊相关性	0.855**	0.831**	0.841**	0.827**	0.842**	1.000	0.891**	0.827**
	Sig.（双尾）	0.000	0.000	0.000	0.000	0.000		0.000	0.000
	个案数	2591	2591	2591	2591	2591	2591	2591	2591
教学策略设计能力	皮尔逊相关性	0.844**	0.827**	0.830**	0.835**	0.836**	0.891**	1.000	0.830**
	Sig.（双尾）	0.000	0.000	0.000	0.000	0.000	0.000		0.000
	个案数	2591	2591	2591	2591	2591	2591	2591	2591
教学资源及教具筛选能力	皮尔逊相关性	0.785**	0.782**	0.785**	0.760**	0.804**	0.827**	0.830**	1.000
	Sig.（双尾）	0.000	0.000	0.000	0.000	0.000	0.000	0.000	
	个案数	2591	2591	2591	2591	2591	2591	2591	2591

** 在0.01级别（双尾），相关性显著。

通过皮尔逊相关性分析可以看出，任课教师对教学设计能力的评价与对教学设计能力的三级指标课程标准分析能力、教材分析能力、学情分析能力、教学目标拟定能力、教学过程设计能力、教学策略设计能力、教学资源及教具筛选能力的评价之间存在极其显著正相关关系（表5-111）。

表 5-111　任课教师对教学设计能力评价与对三级指标评价相关关系

项目		教学设计能力	课程标准分析能力	教材分析能力	学情分析能力	教学目标拟定能力	教学过程设计能力	教学策略设计能力	教学资源及教具筛选能力
教学设计能力	皮尔逊相关性	1.000	0.845**	0.833**	0.819**	0.838**	0.855**	0.844**	0.785**
	Sig.（双尾）		0.000	0.000	0.000	0.000	0.000	0.000	0.000
	个案数	2591	2591	2591	2591	2591	2591	2591	2591
课程标准分析能力	皮尔逊相关性	0.845**	1.000	0.876**	0.839**	0.843**	0.831**	0.827**	0.782**
	Sig.（双尾）	0.000		0.000	0.000	0.000	0.000	0.000	0.000
	个案数	2591	2591	2591	2591	2591	2591	2591	2591
教材分析能力	皮尔逊相关性	0.833**	0.876**	1.000	0.844**	0.843**	0.841**	0.830**	0.785**
	Sig.（双尾）	0.000	0.000		0.000	0.000	0.000	0.000	0.000
	个案数	2591	2591	2591	2591	2591	2591	2591	2591
学情分析能力	皮尔逊相关性	0.819**	0.839**	0.844**	1.000	0.847**	0.827**	0.835**	0.760**
	Sig.（双尾）	0.000	0.000	0.000		0.000	0.000	0.000	0.000
	个案数	2591	2591	2591	2591	2591	2591	2591	2591
教学目标拟定能力	皮尔逊相关性	0.838**	0.843**	0.843**	0.847**	1.000	0.842**	0.836**	0.804**
	Sig.（双尾）	0.000	0.000	0.000	0.000		0.000	0.000	0.000
	个案数	2591	2591	2591	2591	2591	2591	2591	2591

续表

项目		教学设计能力	课程标准分析能力	教材分析能力	学情分析能力	教学目标拟定能力	教学过程设计能力	教学策略设计能力	教学资源及教具筛选能力
教学过程设计能力	皮尔逊相关性	0.855**	0.831**	0.841**	0.827**	0.842**	1.000	0.891**	0.827**
	Sig.（双尾）	0.000	0.000	0.000	0.000	0.000		0.000	0.000
	个案数	2591	2591	2591	2591	2591	2591	2591	2591
教学策略设计能力	皮尔逊相关性	0.844**	0.827**	0.830**	0.835**	0.836**	0.891**	1.000	0.830**
	Sig.（双尾）	0.000	0.000	0.000	0.000	0.000	0.000		0.000
	个案数	2591	2591	2591	2591	2591	2591	2591	2591
教学资源及教具筛选能力	皮尔逊相关性	0.785**	0.782**	0.785**	0.760**	0.804**	0.827**	0.830**	1.000
	Sig.（双尾）	0.000	0.000	0.000	0.000	0.000	0.000	0.000	
	个案数	2591	2591	2591	2591	2591	2591	2591	2591

** 在 0.01 级别（双尾），相关性显著。

通过皮尔逊相关性分析可以看出，管理者对教学设计能力的评价与对教学设计能力的三级指标课程标准分析能力、教材分析能力、学情分析能力、教学目标拟定能力、教学过程设计能力、教学策略设计能力、教学资源及教具筛选能力的评价之间存在极其显著正相关关系（表5-112）。

表5-112　管理者对教学设计能力评价与对三级指标评价相关关系

项目		教学设计能力	课程标准分析能力	教材分析能力	学情分析能力	教学目标拟定能力	教学过程设计能力	教学策略设计能力	教学资源及教具筛选能力
教学设计能力	皮尔逊相关性	1.000	0.864**	0.842**	0.828**	0.850**	0.852**	0.831**	0.794**
	Sig.（双尾）		0.000	0.000	0.000	0.000	0.000	0.000	0.000
	个案数	2040	2040	2040	2040	2040	2040	2040	2040
课程标准分析能力	皮尔逊相关性	0.864**	1.000	0.879**	0.832**	0.849**	0.833**	0.830**	0.802**
	Sig.（双尾）	0.000		0.000	0.000	0.000	0.000	0.000	0.000
	个案数	2040	2040	2040	2040	2040	2040	2040	2040
教材分析能力	皮尔逊相关性	0.842**	0.879**	1.000	0.844**	0.852**	0.846**	0.829**	0.811**
	Sig.（双尾）	0.000	0.000		0.000	0.000	0.000	0.000	0.000
	个案数	2040	2040	2040	2040	2040	2040	2040	2040
学情分析能力	皮尔逊相关性	0.828**	0.832**	0.844**	1.000	0.850**	0.822**	0.825**	0.800**
	Sig.（双尾）	0.000	0.000	0.000		0.000	0.000	0.000	0.000
	个案数	2040	2040	2040	2040	2040	2040	2040	2040
教学目标拟定能力	皮尔逊相关性	0.850**	0.849**	0.852**	0.850**	1.000	0.847**	0.841**	0.819**
	Sig.（双尾）	0.000	0.000	0.000	0.000		0.000	0.000	0.000
	个案数	2040	2040	2040	2040	2040	2040	2040	2040

续表

项目		教学设计能力	课程标准分析能力	教材分析能力	学情分析能力	教学目标拟定能力	教学过程设计能力	教学策略设计能力	教学资源及教具筛选能力
教学过程设计能力	皮尔逊相关性	0.852**	0.833**	0.846**	0.822**	0.847**	1.000	0.883**	0.843**
	Sig.（双尾）	0.000	0.000	0.000	0.000	0.000		0.000	0.000
	个案数	2040	2040	2040	2040	2040	2040	2040	2040
教学策略设计能力	皮尔逊相关性	0.831**	0.830**	0.829**	0.825**	0.841**	0.883**	1.000	0.834**
	Sig.（双尾）	0.000	0.000	0.000	0.000	0.000	0.000		0.000
	个案数	2040	2040	2040	2040	2040	2040	2040	2040
教学资源及教具筛选能力	皮尔逊相关性	0.794**	0.802**	0.811**	0.800**	0.819**	0.843**	0.834**	1.000
	Sig.（双尾）	0.000	0.000	0.000	0.000	0.000	0.000	0.000	
	个案数	2040	2040	2040	2040	2040	2040	2040	2040

** 在 0.01 级别（双尾），相关性显著。

第三节 教学实施能力三级指标测评

一、教育硕士对教学实施能力三级指标的测评

（一）教学实施能力三级指标总体测评概况

1. 创设情境能力

从不同教育硕士主体对全日制教育硕士创设情境能力测评的均值看，全体教育硕士的均值为 3.75，在校生的均值为 3.90，毕业生的均值为 3.88（表 5-113~表 5-115）。

表 5-113 全体教育硕士对创设情境能力的测评得分

项目	人数/人	均值	标准偏差
创设情境能力	31 085	3.75	0.768
有效个案数（成列）	31 085		

表 5-114 在校生对创设情境能力的测评得分

项目	人数/人	均值	标准偏差
创设情境能力	21 634	3.90	0.713
有效个案数（成列）	21 634		

表 5-115 毕业生对创设情境能力的测评得分

项目	人数/人	均值	标准偏差
创设情境能力	9451	3.88	0.784
有效个案数（成列）	9451		

2. 组织教学能力

从不同教育硕士主体对全日制教育硕士组织教学能力测评的均值看，全体教育硕士的均值为3.74，在校生的均值为3.68，毕业生的均值为3.87（表5-116~表5-118）。

表 5-116 全体教育硕士对组织教学能力的测评得分

项目	人数/人	均值	标准偏差
组织教学能力	31 085	3.74	0.767
有效个案数（成列）	31 085		

表 5-117 在校生对组织教学能力的测评得分

项目	人数/人	均值	标准偏差
组织教学能力	21 634	3.68	0.751
有效个案数（成列）	21 634		

表 5-118 毕业生对组织教学能力的测评得分

项目	人数/人	均值	标准偏差
组织教学能力	9451	3.87	0.786
有效个案数（成列）	9451		

3. 学习指导能力

从不同教育硕士主体对全日制教育硕士学习指导能力测评的均值看，全体教育硕士的均值为 3.75，在校生的均值为 3.69，毕业生的均值为 3.87（表 5-119~表 5-121）。

表 5-119 全体教育硕士对学习指导能力的测评得分

项目	人数/人	均值	标准偏差
学习指导能力	31 085	3.75	0.760
有效个案数（成列）	31 085		

表 5-120 在校生对学习指导能力的测评得分

项目	人数/人	均值	标准偏差
学习指导能力	21 634	3.69	0.744
有效个案数（成列）	21 634		

表 5-121 毕业生对学习指导能力的测评得分

项目	人数/人	均值	标准偏差
学习指导能力	9451	3.87	0.782
有效个案数（成列）	9451		

4. 教学生成能力

从不同教育硕士主体对全日制教育硕士教学生成能力测评的均值看，全体教育硕士的均值为 3.70，在校生的均值为 3.64，毕业生的均值为 3.84（表 5-122~表 5-124）。

第五章 全日制教育硕士教学实践能力三级指标测评

表 5-122 全体教育硕士对教学生成能力的测评得分

项目	人数/人	均值	标准偏差
教学生成能力	31 085	3.70	0.775
有效个案数（成列）	31 085		

表 5-123 在校生对教学生成能力的测评得分

项目	人数/人	均值	标准偏差
教学生成能力	21 634	3.64	0.758
有效个案数（成列）	21 634		

表 5-124 毕业生对教学生成能力的测评得分

项目	人数/人	均值	标准偏差
教学生成能力	9451	3.84	0.793
有效个案数（成列）	9451		

在上述测评基础上，按照三级指标权重系数计算后得到的教学实施能力的赋权重均值，全体教育硕士为3.74，在校生为3.68，毕业生为3.87；并且排序从高至低依次为：组织教学能力、学习指导能力、教学生成能力、创设情境能力（表5-125~表5-127）。

表 5-125 全体教育硕士对教学实施能力的实际测评得分

项目	均值	权重系数	赋权重均值
创设情境能力	3.75	0.11	0.40
组织教学能力	3.74	0.44	1.66
学习指导能力	3.75	0.28	1.06
教学生成能力	3.70	0.17	0.61
教学实施能力	3.73		3.74

表 5-126　在校生对教学实施能力的实际测评得分

项目	均值	权重系数	赋权重均值
创设情境能力	3.69	0.11	0.40
组织教学能力	3.68	0.44	1.64
学习指导能力	3.69	0.28	1.05
教学生成能力	3.64	0.17	0.60
教学实施能力	3.67		3.68

表 5-127　毕业生对教学实施能力的实际测评得分

项目	均值	权重系数	赋权重均值
创设情境能力	3.87	0.11	0.41
组织教学能力	3.88	0.44	1.72
学习指导能力	3.87	0.28	1.10
教学生成能力	3.87	0.17	0.64
教学实施能力	3.84		3.87

（二）教学实施能力与三级指标的相关性分析

通过皮尔逊相关性分析可以看出，全体教育硕士对教学实施能力的评价与对教学实施能力的三级指标创设情境能力、组织教学能力、学习指导能力、教学生成能力的评价之间存在极其显著正相关关系（表5-128）。

表 5-128　全体教育硕士对教学实施能力评价与对三级指标评价相关关系

项目		教学实施能力	创设情境能力	组织教学能力	学习指导能力	教学生成能力
教学实施能力	皮尔逊相关性	1.000	0.863**	0.882**	0.865**	0.867**
	Sig.（双尾）		0.000	0.000	0.000	0.000
	个案数	31 085	31 085	31 085	31 085	31 085
创设情境能力	皮尔逊相关性	0.863**	1.000	0.855**	0.858**	0.851**
	Sig.（双尾）	0.000		0.000	0.000	0.000
	个案数	31 085	31 085	31 085	31 085	31 085

续表

项目		教学实施能力	创设情境能力	组织教学能力	学习指导能力	教学生成能力
组织教学能力	皮尔逊相关性	0.882**	0.855**	1.000	0.874**	0.871**
	Sig.(双尾)	0.000	0.000		0.000	0.000
	个案数	31 085	31 085	31 085	31 085	31 085
学习指导能力	皮尔逊相关性	0.865**	0.858**	0.874**	1.000	0.876**
	Sig.(双尾)	0.000	0.000	0.000		0.000
	个案数	31 085	31 085	31 085	31 085	31 085
教学生成能力	皮尔逊相关性	0.867**	0.851**	0.871**	0.876**	1.000
	Sig.(双尾)	0.000	0.000	0.000	0.000	
	个案数	31 085	31 085	31 085	31 085	31 085

** 在0.01级别（双尾），相关性显著。

通过皮尔逊相关性分析可以看出，在校生对教学实施能力的评价与对教学实施能力的三级指标创设情境能力、组织教学能力、学习指导能力、教学生成能力的评价之间存在极其显著正相关关系（表5-129）。

表5-129 在校生对教学实施能力评价与对三级指标评价相关关系

项目		教学实施能力	创设情境能力	组织教学能力	学习指导能力	教学生成能力
教学实施能力	皮尔逊相关性	1.000	0.863**	0.882**	0.865**	0.867**
	Sig.(双尾)		0.000	0.000	0.000	0.000
	个案数	31 085	31 085	31 085	31 085	31 085
创设情境能力	皮尔逊相关性	0.863**	1.000	0.855**	0.858**	0.851**
	Sig.(双尾)	0.000		0.000	0.000	0.000
	个案数	31 085	31 085	31 085	31 085	31 085
组织教学能力	皮尔逊相关性	0.882**	0.855**	1.000	0.874**	0.871**
	Sig.(双尾)	0.000	0.000		0.000	0.000
	个案数	31 085	31 085	31 085	31 085	31 085

续表

项目		教学实施能力	创设情境能力	组织教学能力	学习指导能力	教学生成能力
学习指导能力	皮尔逊相关性	0.865**	0.858**	0.874**	1.000	0.876**
	Sig.（双尾）	0.000	0.000	0.000		0.000
	个案数	31 085	31 085	31 085	31 085	31 085
教学生成能力	皮尔逊相关性	0.867**	0.851**	0.871**	0.876**	1.000
	Sig.（双尾）	0.000	0.000	0.000	0.000	
	个案数	31 085	31 085	31 085	31 085	31 085

** 在0.01级别（双尾），相关性显著。

通过皮尔逊相关性分析可以看出，毕业生对教学实施能力的评价与对教学实施能力的三级指标创设情境能力、组织教学能力、学习指导能力、教学生成能力的评价之间存在极其显著正相关关系（表5-130）。

表5-130　毕业生对教学实施能力评价与对三级指标评价相关关系

项目		教学实施能力	创设情境能力	组织教学能力	学习指导能力	教学生成能力
教学实施能力	皮尔逊相关性	1.000	0.885**	0.900**	0.887**	0.888**
	Sig.（双尾）		0.000	0.000	0.000	0.000
	个案数	9451	9451	9451	9451	9451
创设情境能力	皮尔逊相关性	0.885**	1.000	0.882**	0.880**	0.877**
	Sig.（双尾）	0.000		0.000	0.000	0.000
	个案数	9451	9451	9451	9451	9451
组织教学能力	皮尔逊相关性	0.900**	0.882**	1.000	0.899**	0.893**
	Sig.（双尾）	0.000	0.000		0.000	0.000
	个案数	9451	9451	9451	9451	9451
学习指导能力	皮尔逊相关性	0.887**	0.880**	0.899**	1.000	0.895**
	Sig.（双尾）	0.000	0.000	0.000		0.000
	个案数	9451	9451	9451	9451	9451

续表

项目		教学实施能力	创设情境能力	组织教学能力	学习指导能力	教学生成能力
教学生成能力	皮尔逊相关性	0.888**	0.877**	0.893**	0.895**	1.000
	Sig.（双尾）	0.000	0.000	0.000	0.000	
	个案数	9451	9451	9451	9451	9451

** 在 0.01 级别（双尾），相关性显著。

二、教师对教学实施能力三级指标的测评

（一）教学实施能力三级指标总体测评概况

1. 创设情境能力

从不同教师主体对全日制教育硕士创设情境能力测评的均值看，全体教师的均值为 3.99，理论导师的均值为 3.90，实践导师的均值为 4.15，任课教师的均值为 3.97，管理者的均值为 4.07（表 5-131～表 5-135）。

表 5-131　全体教师对创设情境能力的测评得分

项目	人数/人	均值	标准偏差
创设情境能力	31 085	3.99	0.724
有效个案数（成列）	31 085		

表 5-132　理论导师对创设情境能力的测评得分

项目	人数/人	均值	标准偏差
创设情境能力	21 634	3.90	0.713
有效个案数（成列）	21 634		

表 5-133　实践导师对创设情境能力的测评得分

项目	人数/人	均值	标准偏差
创设情境能力	9451	4.15	0.702
有效个案数（成列）	9451		

表 5-134　任课教师对创设情境能力的测评得分

项目	人数/人	均值	标准偏差
创设情境能力	21 634	3.97	0.726
有效个案数（成列）	21 634		

表 5-135　管理者对创设情境能力的测评得分

项目	人数/人	均值	标准偏差
创设情境能力	9451	4.07	0.718
有效个案数（成列）	9451		

2. 组织教学能力

从不同教师主体对全日制教育硕士组织教学能力测评的均值看，全体教师的均值为3.98，理论导师的均值为3.92，实践导师的均值为4.04，任课教师的均值为3.97，管理者的均值为4.06（表5-136~表5-140）。

表 5-136　全体教师对组织教学能力的测评得分

项目	人数/人	均值	标准偏差
组织教学能力	31 085	3.98	0.720
有效个案数（成列）	31 085		

表 5-137　理论导师对组织教学能力的测评得分

项目	人数/人	均值	标准偏差
组织教学能力	21 634	3.92	0.700
有效个案数（成列）	21 634		

表 5-138　实践导师对组织教学能力的测评得分

项目	人数/人	均值	标准偏差
组织教学能力	9451	4.04	0.733
有效个案数（成列）	9451		

第五章 全日制教育硕士教学实践能力三级指标测评

表 5-139 任课教师对组织教学能力的测评得分

项目	人数/人	均值	标准偏差
组织教学能力	21 634	3.97	0.716
有效个案数（成列）	21 634		

表 5-140 管理者对组织教学能力的测评得分

项目	人数/人	均值	标准偏差
组织教学能力	9451	4.06	0.717
有效个案数（成列）	9451		

3. 学习指导能力

从不同教师主体对全日制教育硕士学习指导能力测评的均值看，全体教师的均值为3.97，理论导师的均值为3.89，实践导师的均值为4.07，任课教师的均值为3.95，管理者的均值为4.06（表5-141～表5-145）。

表 5-141 全体教师对学习指导能力的测评得分

项目	人数/人	均值	标准偏差
学习指导能力	31 085	3.97	0.731
有效个案数（成列）	31 085		

表 5-142 理论导师对学习指导能力的测评得分

项目	人数/人	均值	标准偏差
学习指导能力	21 634	3.89	0.717
有效个案数（成列）	21 634		

表 5-143 实践导师对学习指导能力的测评得分

项目	人数/人	均值	标准偏差
学习指导能力	9451	4.07	0.724
有效个案数（成列）	9451		

表 5-144　任课教师对学习指导能力的测评得分

项目	人数/人	均值	标准偏差
学习指导能力	31 085	3.95	0.729
有效个案数（成列）	31 085		

表 5-145　管理者对学习指导能力的测评得分

项目	人数/人	均值	标准偏差
学习指导能力	21 634	4.06	0.725
有效个案数（成列）	21 634		

4. 教学生成能力

从不同教师主体对全日制教育硕士教学生成能力测评的均值看，全体教师的均值为 3.92，理论导师的均值为 3.83，实践导师的均值为 4.02，任课教师的均值为 3.89，管理者的均值为 4.00（表 5-146～表 5-150）。

表 5-146　全体教师对教学生成能力的测评得分

项目	人数/人	均值	标准偏差
教学生成能力	31 085	3.92	0.747
有效个案数（成列）	31 085		

表 5-147　理论导师对教学生成能力的测评得分

项目	人数/人	均值	标准偏差
教学生成能力	21 634	3.83	0.731
有效个案数（成列）	21 634		

表 5-148　实践导师对教学生成能力的测评得分

项目	人数/人	均值	标准偏差
教学生成能力	9451	4.02	0.748
有效个案数（成列）	9451		

第五章 全日制教育硕士教学实践能力三级指标测评

表 5-149 任课教师对教学生成能力的测评得分

项目	人数/人	均值	标准偏差
教学生成能力	31 085	3.89	0.751
有效个案数（成列）	31 085		

表 5-150 管理者对教学生成能力的测评得分

项目	人数/人	均值	标准偏差
教学生成能力	21 634	4.00	0.737
有效个案数（成列）	21 634		

在上述测评基础上，按照三级指标权重系数计算后得到的教学实施能力的赋权重均值，全体教师的均值为3.97，理论导师的均值为3.89，实践导师的均值为4.06，任课教师的均值为3.95，管理者的均值为4.05；并且排序从高至低依次为：组织教学能力、学习指导能力、教学生成能力、创设情境能力（表5-151~表5-155）。

表 5-151 全体教师对教学实施能力的实际测评得分

项目	均值	权重系数	赋权重均值
创设情境能力	3.99	0.11	0.43
组织教学能力	3.98	0.44	1.77
学习指导能力	3.97	0.28	1.12
教学生成能力	3.92	0.17	0.65
教学实施能力	3.99		3.97

表 5-152 理论导师对教学实施能力的实际测评得分

项目	均值	权重系数	赋权重均值
创设情境能力	3.90	0.11	0.42
组织教学能力	3.92	0.44	1.74
学习指导能力	3.89	0.28	1.10
教学生成能力	3.83	0.17	0.63

续表

项目	均值	权重系数	赋权重均值
教学实施能力	3.91		3.89

表 5-153　实践导师对教学实施能力的实际测评得分

项目	均值	权重系数	赋权重均值
创设情境能力	4.15	0.11	0.44
组织教学能力	4.04	0.44	1.80
学习指导能力	4.07	0.28	1.15
教学生成能力	4.02	0.17	0.66
教学实施能力	4.10		4.06

表 5-154　任课教师对教学实施能力的实际测评得分

项目	均值	权重系数	赋权重均值
创设情境能力	3.97	0.11	0.43
组织教学能力	3.97	0.44	1.76
学习指导能力	3.95	0.28	1.12
教学生成能力	3.89	0.17	0.64
教学实施能力	3.98		3.95

表 5-155　管理者对教学实施能力的实际测评得分

项目	均值	权重系数	赋权重均值
创设情境能力	4.07	0.11	0.44
组织教学能力	4.06	0.44	1.80
学习指导能力	4.06	0.28	1.15
教学生成能力	4.00	0.17	0.66
教学实施能力	4.08		4.05

(二) 教学实施能力与三级指标的相关性分析

通过皮尔逊相关性分析可以看出,全体教师对教学实施能力的评价与对教学实施能力的三级指标创设情境能力、组织教学能力、学习指导能力、教学生成能力的评价之间存在极其显著正相关关系(表5-156)。

表5-156 全体教师对教学实施能力评价与对三级指标评价相关关系

项目		教学实施能力	创设情境能力	组织教学能力	学习指导能力	教学生成能力
教学实施能力	皮尔逊相关性	1.000	0.855**	0.874**	0.852**	0.851**
	Sig.(双尾)		0.000	0.000	0.000	0.000
	个案数	11 443	11 443	11 443	11 443	11 443
创设情境能力	皮尔逊相关性	0.855**	1.000	0.838**	0.832**	0.827**
	Sig.(双尾)	0.000		0.000	0.000	0.000
	个案数	11 443	11 443	11 443	11 443	11 443
组织教学能力	皮尔逊相关性	0.874**	0.838**	1.000	0.857**	0.847**
	Sig.(双尾)	0.000	0.000		0.000	0.000
	个案数	11 443	11 443	11 443	11 443	11 443
学习指导能力	皮尔逊相关性	0.852**	0.832**	0.857**	1.000	0.872**
	Sig.(双尾)	0.000	0.000	0.000		0.000
	个案数	11 443	11 443	11 443	11 443	11 443
教学生成能力	皮尔逊相关性	0.851**	0.827**	0.847**	0.872**	1.000
	Sig.(双尾)	0.000	0.000	0.000	0.000	
	个案数	11 443	11 443	11 443	11 443	11 443

** 在0.01级别(双尾),相关性显著。

通过皮尔逊相关性分析可以看出,理论导师对教学实施能力的评价与对教学实施能力的三级指标创设情境能力、组织教学能力、学习指导能力、教学生成能力的评价之间存在极其显著正相关关系(表5-157)。

表 5-157　理论导师对教学实施能力评价与对三级指标评价相关关系

项目		教学实施能力	创设情境能力	组织教学能力	学习指导能力	教学生成能力
教学实施能力	皮尔逊相关性	1.000	0.847**	0.867**	0.840**	0.833**
	Sig.（双尾）		0.000	0.000	0.000	0.000
	个案数	6777	6777	6777	6777	6777
创设情境能力	皮尔逊相关性	0.847**	1.000	0.833**	0.821**	0.817**
	Sig.（双尾）	0.000		0.000	0.000	0.000
	个案数	6777	6777	6777	6777	6777
组织教学能力	皮尔逊相关性	0.867**	0.833**	1.000	0.846**	0.825**
	Sig.（双尾）	0.000	0.000		0.000	0.000
	个案数	6777	6777	6777	6777	6777
学习指导能力	皮尔逊相关性	0.840**	0.821**	0.846**	1.000	0.862**
	Sig.（双尾）	0.000	0.000	0.000		0.000
	个案数	6777	6777	6777	6777	6777
教学生成能力	皮尔逊相关性	0.833**	0.817**	0.825**	0.862**	1.000
	Sig.（双尾）	0.000	0.000	0.000	0.000	
	个案数	6777	6777	6777	6777	6777

** 在 0.01 级别（双尾），相关性显著。

通过皮尔逊相关性分析可以看出，实践导师对教学实施能力的评价与对教学实施能力的三级指标创设情境能力、组织教学能力、学习指导能力、教学生成能力的评价之间存在极其显著正相关关系（表 5-158）。

表 5-158　实践导师对教学实施能力评价与对三级指标评价相关关系

项目		教学实施能力	创设情境能力	组织教学能力	学习指导能力	教学生成能力
教学实施能力	皮尔逊相关性	1.000	0.838**	0.868**	0.849**	0.850**
	Sig.（双尾）		0.000	0.000	0.000	0.000
	个案数	2591	2591	2591	2591	2591

续表

项目		教学实施能力	创设情境能力	组织教学能力	学习指导能力	教学生成能力
创设情境能力	皮尔逊相关性	0.838**	1.000	0.825**	0.807**	0.804**
	Sig.（双尾）	0.000		0.000	0.000	0.000
	个案数	2591	2591	2591	2591	2591
组织教学能力	皮尔逊相关性	0.868**	0.825**	1.000	0.860**	0.868**
	Sig.（双尾）	0.000	0.000		0.000	0.000
	个案数	2591	2591	2591	2591	2591
学习指导能力	皮尔逊相关性	0.849**	0.807**	0.860**	1.000	0.874**
	Sig.（双尾）	0.000	0.000	0.000		0.000
	个案数	2591	2591	2591	2591	2591
教学生成能力	皮尔逊相关性	0.850**	0.804**	0.868**	0.874**	1.000
	Sig.（双尾）	0.000	0.000	0.000	0.000	
	个案数	2591	2591	2591	2591	2591

** 在0.01级别（双尾），相关性显著。

通过皮尔逊相关性分析可以看出，任课教师对教学实施能力的评价与对教学实施能力的三级指标创设情境能力、组织教学能力、学习指导能力、教学生成能力的评价之间存在极其显著正相关关系（表5-159）。

表5-159 任课教师对教学实施能力评价与对三级指标评价相关关系

项目		教学实施能力	创设情境能力	组织教学能力	学习指导能力	教学生成能力
教学实施能力	皮尔逊相关性	1.000	0.851**	0.872**	0.847**	0.845**
	Sig.（双尾）		0.000	0.000	0.000	0.000
	个案数	6756	6756	6756	6756	6756
创设情境能力	皮尔逊相关性	0.851**	1.000	0.834**	0.829**	0.819**
	Sig.（双尾）	0.000		0.000	0.000	0.000
	个案数	6756	6756	6756	6756	6756

续表

项目		教学实施能力	创设情境能力	组织教学能力	学习指导能力	教学生成能力
组织教学能力	皮尔逊相关性	0.872**	0.834**	1.000	0.848**	0.836**
	Sig.(双尾)	0.000	0.000		0.000	0.000
	个案数	6756	6756	6756	6756	6756
学习指导能力	皮尔逊相关性	0.847**	0.829**	0.848**	1.000	0.864**
	Sig.(双尾)	0.000	0.000	0.000		0.000
	个案数	6756	6756	6756	6756	6756
教学生成能力	皮尔逊相关性	0.845**	0.819**	0.836**	0.864**	1.000
	Sig.(双尾)	0.000	0.000	0.000	0.000	
	个案数	6756	6756	6756	6756	6756

**在0.01级别（双尾），相关性显著。

通过皮尔逊相关性分析可以看出，管理者对教学实施能力的评价与对教学实施能力的三级指标创设情境能力、组织教学能力、学习指导能力、教学生成能力的评价之间存在极其显著正相关关系（表5-160）。

表5-160 管理者对教学实施能力评价与对三级指标评价相关关系

项目		教学实施能力	创设情境能力	组织教学能力	学习指导能力	教学生成能力
教学实施能力	皮尔逊相关性	1.000	0.849**	0.871**	0.842**	0.839**
	Sig.(双尾)		0.000	0.000	0.000	0.000
	个案数	2040	2040	2040	2040	2040
创设情境能力	皮尔逊相关性	0.849**	1.000	0.839**	0.817**	0.818**
	Sig.(双尾)	0.000		0.000	0.000	0.000
	个案数	2040	2040	2040	2040	2040
组织教学能力	皮尔逊相关性	0.871**	0.839**	1.000	0.856**	0.847**
	Sig.(双尾)	0.000	0.000		0.000	0.000
	个案数	2040	2040	2040	2040	2040

续表

项目		教学实施能力	创设情境能力	组织教学能力	学习指导能力	教学生成能力
学习指导能力	皮尔逊相关性	0.842**	0.817**	0.856**	1.000	0.858**
	Sig.（双尾）	0.000	0.000	0.000		0.000
	个案数	2040	2040	2040	2040	2040
教学生成能力	皮尔逊相关性	0.839**	0.818**	0.847**	0.858**	1.000
	Sig.（双尾）	0.000	0.000	0.000	0.000	
	个案数	2040	2040	2040	2040	2040

** 在 0.01 级别（双尾），相关性显著。

第四节 教学评价和创新能力三级指标测评

一、教育硕士对教学评价和创新能力三级指标的测评

（一）教学评价和创新能力三级指标总体测评概况

1. 教学评价能力

从不同教育硕士主体对全日制教育硕士教学评价能力测评的均值看，全体教育硕士的均值为 3.71，在校生的均值为 3.65，毕业生的均值为 3.84（表 5-161~表 5-163）。

表 5-161 全体教育硕士对教学评价能力的测评得分

项目	人数/人	均值	标准偏差
教学评价能力	31 085	3.71	0.772
有效个案数（成列）	31 085		

表 5-162 在校生对教学评价能力的测评得分

项目	人数/人	均值	标准偏差
教学评价能力	21 634	3.65	0.754

续表

项目	人数/人	均值	标准偏差
有效个案数（成列）	21 634		

表5-163　毕业生对教学评价能力的测评得分

项目	人数/人	均值	标准偏差
教学评价能力	9451	3.84	0.797
有效个案数（成列）	9451		

2. 教学创新能力

从不同教育硕士主体对全日制教育硕士教学创新能力测评的均值看，全体教育硕士的均值为3.68，在校生的均值为3.62，毕业生的均值为3.82（表5-164~表5-166）。

表5-164　全体教育硕士对教学创新能力的测评得分

项目	人数/人	均值	标准偏差
教学创新能力	31 085	3.68	0.794
有效个案数（成列）	31 085		

表5-165　在校生对教学创新能力的测评得分

项目	人数/人	均值	标准偏差
教学创新能力	21 634	3.62	0.778
有效个案数（成列）	21 634		

表5-166　毕业生对教学创新能力的测评得分

项目	人数/人	均值	标准偏差
教学创新能力	9451	3.82	0.811
有效个案数（成列）	9451		

第五章　全日制教育硕士教学实践能力三级指标测评

在上述测评基础上，按照三级指标权重系数计算后得到的教学评价和创新能力的赋权重均值，全体教育硕士为3.70，在校生为3.64，毕业生为3.83；并且教学评价能力得分远高于教学创新能力的得分（表5-167～表5-169）。

表5-167　全体教育硕士对教学评价和创新能力的实际测评得分

项目	均值	权重系数	赋权重均值
教学评价能力	3.71	0.67	2.47
教学创新能力	3.68	0.33	1.23
教学评价和创新能力	3.69		3.70

表5-168　在校生对教学评价和创新能力的实际测评得分

项目	均值	权重系数	赋权重均值
教学评价能力	3.65	0.67	2.43
教学创新能力	3.62	0.33	1.21
教学评价和创新能力	3.63		3.64

表5-169　毕业生对教学评价和创新能力的实际测评得分

项目	均值	权重系数	赋权重均值
教学评价能力	3.84	0.67	2.56
教学创新能力	3.82	0.33	1.27
教学评价和创新能力	3.82		3.83

（二）教学评价和创新能力与三级指标的相关性分析

通过皮尔逊相关性分析可以看出，全体教育硕士对教学评价和创新能力的评价与对教学评价和创新能力的三级指标教学评价能力、教学创新能力的评价之间存在极其显著正相关关系（表5-170）。

表 5-170　全体教育硕士对教学评价和创新能力评价与对三级指标评价相关关系

项目		教学评价和创新能力	教学评价能力	教学创新能力
教学评价和创新能力	皮尔逊相关性	1.000	0.903**	0.894**
	Sig.（双尾）		0.000	0.000
	个案数	31 085	31 085	31 085
教学评价能力	皮尔逊相关性	0.903**	1.000	0.872**
	Sig.（双尾）	0.000		0.000
	个案数	31 085	31 085	31 085
教学创新能力	皮尔逊相关性	0.894**	0.872**	1.000
	Sig.（双尾）	0.000	0.000	
	个案数	31 085	31 085	31 085

** 在 0.01 级别（双尾），相关性显著。

通过皮尔逊相关性分析可以看出，在校生对教学评价和创新能力的评价与对教学评价和创新能力的三级指标教学评价能力、教学创新能力的评价之间存在极其显著正相关关系（表 5-171）。

表 5-171　在校生对教学评价和创新能力评价与对三级指标评价相关关系

项目		教学评价和创新能力	教学评价能力	教学创新能力
教学评价和创新能力	皮尔逊相关性	1.000	0.890**	0.880**
	Sig.（双尾）		0.000	0.000
	个案数	21 634	21 634	21 634
教学评价能力	皮尔逊相关性	0.890**	1.000	0.855**
	Sig.（双尾）	0.000		0.000
	个案数	21 634	21 634	21 634
教学创新能力	皮尔逊相关性	0.880**	0.855**	1.000
	Sig.（双尾）	0.000	0.000	
	个案数	21 634	21 634	21 634

** 在 0.01 级别（双尾），相关性显著。

通过皮尔逊相关性分析可以看出,毕业生对教学评价和创新能力的评价与对教学评价和创新能力的三级指标教学评价能力、教学创新能力的评价之间存在极其显著正相关关系(表5-172)。

表5-172 毕业生对教学评价和创新能力评价与对三级指标评价相关关系

项目		教学评价和创新能力	教学评价能力	教学创新能力
教学评价和创新能力	皮尔逊相关性	1.000	0.924**	0.920**
	Sig.(双尾)		0.000	0.000
	个案数	9451	9451	9451
教学评价能力	皮尔逊相关性	0.924**	1.000	0.902**
	Sig.(双尾)	0.000		0.000
	个案数	9451	9451	9451
教学创新能力	皮尔逊相关性	0.920**	0.902**	1.000
	Sig.(双尾)	0.000	0.000	
	个案数	9451	9451	9451

** 在0.01级别(双尾),相关性显著。

二、教师对教学评价和创新能力三级指标的测评

(一)教学评价和创新能力三级指标总体测评概况

1. 教学评价能力

从不同教师主体对全日制教育硕士教学评价能力测评的均值看,全体教师的均值为3.92,理论导师的均值为3.83,实践导师的均值为4.05,任课教师的均值为3.89,管理者的均值为4.01(表5-173~表5-177)。

表5-173 全体教师对教学评价能力的测评得分

项目	人数/人	均值	标准偏差
教学评价能力	31 085	3.92	0.750
有效个案数(成列)	31 085		

表 5-174　理论导师对教学评价能力的测评得分

项目	人数/人	均值	标准偏差
教学评价能力	21 634	3.83	0.738
有效个案数（成列）	21 634		

表 5-175　实践导师对教学评价能力的测评得分

项目	人数/人	均值	标准偏差
教学评价能力	9451	4.05	0.737
有效个案数（成列）	9451		

表 5-176　任课教师对教学评价能力的测评得分

项目	人数/人	均值	标准偏差
教学评价能力	31 085	3.89	0.756
有效个案数（成列）	31 085		

表 5-177　管理者对教学评价能力的测评得分

项目	人数/人	均值	标准偏差
教学评价能力	21 634	4.01	0.730
有效个案数（成列）	21 634		

2. 教学创新能力

从不同教师主体对全日制教育硕士教学创新能力测评的均值看，全体教师的均值为 3.89，理论导师的均值为 3.77，实践导师的均值为 4.09，任课教师的均值为 3.85，管理者的均值为 3.98（表 5-178~表 5-182）。

表 5-178　全体教师对教学创新能力的测评得分

项目	人数/人	均值	标准偏差
教学创新能力	31 085	3.89	0.772
有效个案数（成列）	31 085		

第五章 全日制教育硕士教学实践能力三级指标测评

表 5-179　理论导师对教学创新能力的测评得分

项目	人数/人	均值	标准偏差
教学创新能力	21 634	3.77	0.760
有效个案数（成列）	21 634		

表 5-180　实践导师对教学创新能力的测评得分

项目	人数/人	均值	标准偏差
教学创新能力	9451	4.09	0.728
有效个案数（成列）	9451		

表 5-181　任课教师对教学创新能力的测评得分

项目	人数/人	均值	标准偏差
教学创新能力	31 085	3.85	0.779
有效个案数（成列）	31 085		

表 5-182　管理者对教学创新能力的测评得分

项目	人数/人	均值	标准偏差
教学创新能力	21 634	3.98	0.752
有效个案数（成列）	21 634		

在上述测评基础上，按照三级指标权重系数计算后得到的教学评价和创新能力的赋权重均值，全体教师为3.91，理论导师为3.81，实践导师为4.06，任课教师为3.88，管理者为4.00；并且教学评价能力得分远高于教学创新能力的得分（表5-183~表5-187）。

表 5-183　全体教师对教学评价和创新能力的实际测评得分

项目	均值	权重系数	赋权重均值
教学评价能力	3.92	0.67	2.61
教学创新能力	3.89	0.33	1.30
教学评价和创新能力	3.91		3.91

表 5-184　理论导师对教学评价和创新能力的实际测评得分

项目	均值	权重系数	赋权重均值
教学评价能力	3.83	0.67	2.55
教学创新能力	3.77	0.33	1.26
教学评价和创新能力	3.81		3.81

表 5-185　实践导师对教学评价和创新能力的实际测评得分

项目	均值	权重系数	赋权重均值
教学评价能力	4.05	0.67	2.70
教学创新能力	4.09	0.33	1.36
教学评价和创新能力	4.07		4.06

表 5-186　任课教师对教学评价和创新能力的实际测评得分

项目	均值	权重系数	赋权重均值
教学评价能力	3.89	0.67	2.59
教学创新能力	3.85	0.33	1.28
教学评价和创新能力	3.88		3.88

表 5-187　管理者对教学评价和创新能力的实际测评得分

项目	均值	权重系数	赋权重均值
教学评价能力	4.01	0.67	2.67
教学创新能力	3.98	0.33	1.33

续表

项目	均值	权重系数	赋权重均值
教学评价和创新能力	4.01		4.00

（二）教学评价和创新能力与三级指标的相关性分析

通过皮尔逊相关性分析可以看出，全体教师对教学评价和创新能力的评价与对教学评价和创新能力的三级指标教学评价能力、教学创新能力的评价之间存在极其显著正相关关系（表5-188）。

表5-188 全体教师对教学评价和创新能力评价与对三级指标评价相关关系

项目		教学评价和创新能力	教学评价能力	教学创新能力
教学评价和创新能力	皮尔逊相关性	1.000	0.898**	0.906**
	Sig.（双尾）		0.000	0.000
	个案数	11 443	11 443	11 443
教学评价能力	皮尔逊相关性	0.898**	1.000	0.868**
	Sig.（双尾）	0.000		0.000
	个案数	11 443	11 443	11 443
教学创新能力	皮尔逊相关性	0.906**	0.868**	1.000
	Sig.（双尾）	0.000	0.000	
	个案数	11 443	11 443	11 443

** 在0.01级别（双尾），相关性显著。

通过皮尔逊相关性分析可以看出，理论导师对教学评价和创新能力的评价与对教学评价和创新能力的三级指标教学评价能力、教学创新能力的评价之间存在极其显著正相关关系（表5-189）。

表 5-189　理论导师对教学评价和创新能力评价与对三级指标评价相关关系

项目		教学评价和创新能力	教学评价能力	教学创新能力
教学评价和创新能力	皮尔逊相关性	1.000	0.885**	0.895**
	Sig.（双尾）		0.000	0.000
	个案数	6777	6777	6777
教学评价能力	皮尔逊相关性	0.885**	1.000	0.860**
	Sig.（双尾）	0.000		0.000
	个案数	6777	6777	6777
教学创新能力	皮尔逊相关性	0.895**	0.860**	1.000
	Sig.（双尾）	0.000	0.000	
	个案数	6777	6777	6777

** 在 0.01 级别（双尾），相关性显著。

通过皮尔逊相关性分析可以看出，实践导师对教学评价和创新能力的评价与对教学评价和创新能力的三级指标教学评价能力、教学创新能力的评价之间存在极其显著正相关关系（表 5-190）。

表 5-190　实践导师对教学评价和创新能力评价与对三级指标评价相关关系

项目		教学评价和创新能力	教学评价能力	教学创新能力
教学评价和创新能力	皮尔逊相关性	1.000	0.907**	0.911**
	Sig.（双尾）		0.000	0.000
	个案数	2591	2591	2591
教学评价能力	皮尔逊相关性	0.907**	1.000	0.864**
	Sig.（双尾）	0.000		0.000
	个案数	2591	2591	2591
教学创新能力	皮尔逊相关性	0.911**	0.864**	1.000
	Sig.（双尾）	0.000	0.000	
	个案数	2591	2591	2591

** 在 0.01 级别（双尾），相关性显著。

第五章 全日制教育硕士教学实践能力三级指标测评

通过皮尔逊相关性分析可以看出，任课教师对教学评价和创新能力的评价与对教学评价和创新能力的三级指标教学评价能力、教学创新能力的评价之间存在极其显著正相关关系（表5-191）。

表5-191 任课教师对教学评价和创新能力评价与对三级指标评价相关关系

项目		教学评价和创新能力	教学评价能力	教学创新能力
教学评价和创新能力	皮尔逊相关性	1.000	0.890**	0.901**
	Sig.（双尾）		0.000	0.000
	个案数	6756	6756	6756
教学评价能力	皮尔逊相关性	0.890**	1.000	0.863**
	Sig.（双尾）	0.000		0.000
	个案数	6756	6756	6756
教学创新能力	皮尔逊相关性	0.901**	0.863**	1.000
	Sig.（双尾）	0.000	0.000	
	个案数	6756	6756	6756

** 在0.01级别（双尾），相关性显著。

通过皮尔逊相关性分析可以看出，管理者对教学评价和创新能力的评价与对教学评价和创新能力的三级指标教学评价能力、教学创新能力的评价之间存在极其显著正相关关系（表5-192）。

表5-192 管理者对教学评价和创新能力评价与对三级指标评价相关关系

项目		教学评价和创新能力	教学评价能力	教学创新能力
教学评价和创新能力	皮尔逊相关性	1.000	0.897**	0.895**
	Sig.（双尾）		0.000	0.000
	个案数	2040	2040	2040
教学评价能力	皮尔逊相关性	0.897**	1.000	0.855**
	Sig.（双尾）	0.000		0.000
	个案数	2040	2040	2040

续表

项目		教学评价和创新能力	教学评价能力	教学创新能力
教学创新能力	皮尔逊相关性	0.895**	0.855**	1.000
	Sig.（双尾）	0.000	0.000	
	个案数	2040	2040	2040

** 在 0.01 级别（双尾），相关性显著。

第六章

全日制教育硕士教学反思和研究能力三级指标测评

第一节 教学反思能力三级指标测评

一、教育硕士对教学反思能力三级指标的测评

(一) 教学反思能力三级指标总体测评概况

1. 自我诊断能力

从不同教育硕士主体对全日制教育硕士自我诊断能力测评的均值看，全体教育硕士的均值为3.77，在校生的均值为3.72，毕业生的均值为3.89（表6-1~表6-3）。

表6-1 全体教育硕士对自我诊断能力的测评得分

项目	人数/人	均值	标准偏差
自我诊断能力	31 085	3.77	0.757
有效个案数（成列）	31 085		

表 6-2　在校生对自我诊断能力的测评得分

项目	人数/人	均值	标准偏差
自我诊断能力	21 634	3.72	0.742
有效个案数（成列）	21 634		

表 6-3　毕业生对自我诊断能力的测评得分

项目	人数/人	均值	标准偏差
自我诊断能力	9451	3.89	0.777
有效个案数（成列）	9451		

2. 自我改进能力

从不同教育硕士主体对全日制教育硕士自我改进能力测评的均值看，全体教育硕士的均值为3.78，在校生的均值为3.73，毕业生的均值为3.89（表6-4~表6-6）。

表 6-4　全体教育硕士对自我改进能力的测评得分

项目	人数/人	均值	标准偏差
自我改进能力	31 085	3.78	0.753
有效个案数（成列）	31 085		

表 6-5　在校生对自我改进能力的测评得分

项目	人数/人	均值	标准偏差
自我改进能力	21 634	3.73	0.738
有效个案数（成列）	21 634		

表 6-6　毕业生对自我改进能力的测评得分

项目	人数/人	均值	标准偏差
自我改进能力	9451	3.89	0.774
有效个案数（成列）	9451		

在上述测评基础上,按照三级指标权重系数计算后得到的教学反思能力赋权重均值,全体教育硕士为3.76,在校生为3.71,毕业生为3.88;并且自我诊断能力得分远高于自我改进能力的得分(表6-7~表6-9)。

表6-7 全体教育硕士对教学反思能力的实际测评得分

项目	均值	权重系数	赋权重均值
自我诊断能力	3.76	0.67	2.51
自我改进能力	3.77	0.33	1.26
教学反思能力	3.78		3.76

表6-8 在校生对教学反思能力的实际测评得分

项目	均值	权重系数	赋权重均值
自我诊断能力	3.71	0.67	2.47
自我改进能力	3.72	0.33	1.24
教学反思能力	3.73		3.71

表6-9 毕业生对教学反思能力的实际测评得分

项目	均值	权重系数	赋权重均值
自我诊断能力	3.88	0.67	2.59
自我改进能力	3.89	0.33	1.30
教学反思能力	3.89		3.88

(二)教学反思能力与三级指标的相关性分析

通过皮尔逊相关性分析可以看出,全体教育硕士对教学反思能力的评价与对教学反思能力的三级指标自我诊断能力、自我改进能力的评价之间存在极其显著正相关关系(表6-10)。

表 6-10　全体教育硕士对教学反思能力评价与对三级指标评价相关关系

项目		教学反思能力	自我诊断能力	自我改进能力
教学反思能力	皮尔逊相关性	1.000	0.871**	0.874**
	Sig.（双尾）		0.000	0.000
	个案数	31 085	31 085	31 085
自我诊断能力	皮尔逊相关性	0.871**	1.000	0.876**
	Sig.（双尾）	0.000		0.000
	个案数	31 085	31 085	31 085
自我改进能力	皮尔逊相关性	0.874**	0.876**	1.000
	Sig.（双尾）	0.000	0.000	
	个案数	31 085	31 085	31 085

** 在 0.01 级别（双尾），相关性显著。

通过皮尔逊相关性分析可以看出，在校生对教学反思能力的评价与对教学反思能力的三级指标自我诊断能力、自我改进能力的评价之间存在极其显著正相关关系（表 6-11）。

表 6-11　在校生对教学反思能力评价与对三级指标评价相关关系

项目		教学反思能力	自我诊断能力	自我改进能力
教学反思能力	皮尔逊相关性	1.000	0.859**	0.862**
	Sig.（双尾）		0.000	0.000
	个案数	21 634	21 634	21 634
自我诊断能力	皮尔逊相关性	0.859**	1.000	0.864**
	Sig.（双尾）	0.000		0.000
	个案数	21 634	21 634	21 634
自我改进能力	皮尔逊相关性	0.862**	0.864**	1.000
	Sig.（双尾）	0.000	0.000	
	个案数	21 634	21 634	21 634

** 在 0.01 级别（双尾），相关性显著。

通过皮尔逊相关性分析可以看出，毕业生对教学反思能力的评价与对教学反思能力的三级指标自我诊断能力、自我改进能力的评价之间存在极其显著正相关关系（表6-12）。

表6-12 毕业生对教学反思能力评价与对三级指标评价相关关系

项目		教学反思能力	自我诊断能力	自我改进能力
教学反思能力	皮尔逊相关性	1.000	0.893**	0.895**
	Sig.（双尾）		0.000	0.000
	个案数	9451	9451	9451
自我诊断能力	皮尔逊相关性	0.893**	1.000	0.898**
	Sig.（双尾）	0.000		0.000
	个案数	9451	9451	9451
自我改进能力	皮尔逊相关性	0.895**	0.898**	1.000
	Sig.（双尾）	0.000	0.000	
	个案数	9451	9451	9451

** 在0.01级别（双尾），相关性显著。

二、教师对教学反思能力三级指标的测评

（一）教学反思能力三级指标总体测评概况

1. 自我诊断能力

从不同教师主体对全日制教育硕士自我诊断能力测评的均值看，全体教师的均值为3.92，理论导师的均值为3.81，实践导师的均值为4.09，任课教师的均值为3.89，管理者的均值为4.01（表6-13～表6-17）。

表6-13 全体教师对自我诊断能力的测评得分

项目	人数/人	均值	标准偏差
自我诊断能力	11 443	3.92	0.754
有效个案数（成列）	11 443		

表6-14 理论导师对自我诊断能力的测评得分

项目	人数/人	均值	标准偏差
自我诊断能力	6777	3.81	0.743
有效个案数（成列）	6777		

表6-15 实践导师对自我诊断能力的测评得分

项目	人数/人	均值	标准偏差
自我诊断能力	2591	4.09	0.712
有效个案数（成列）	2591		

表6-16 任课教师对自我诊断能力的测评得分

项目	人数/人	均值	标准偏差
自我诊断能力	6756	3.89	0.761
有效个案数（成列）	6756		

表6-17 管理者对自我诊断能力的测评得分

项目	人数/人	均值	标准偏差
自我诊断能力	2040	4.01	0.732
有效个案数（成列）	2040		

2. 自我改进能力

从不同教师主体对全日制教育硕士自我改进能力测评的均值看，全体教师的均值为3.95，理论导师的均值为3.83，实践导师的均值为4.14，任课教师的均值为3.91，管理者的均值为4.03（表6-18~表6-22）。

表6-18 全体教师对自我改进能力的测评得分

项目	人数/人	均值	标准偏差
自我改进能力	11 443	3.95	0.748
有效个案数（成列）	11 443		

表 6-19　理论导师对自我改进能力的测评得分

项目	人数/人	均值	标准偏差
自我改进能力	6777	3.83	0.739
有效个案数（成列）	6777		

表 6-20　实践导师对自我改进能力的测评得分

项目	人数/人	均值	标准偏差
自我改进能力	2591	4.14	0.704
有效个案数（成列）	2591		

表 6-21　任课教师对自我改进能力的测评得分

项目	人数/人	均值	标准偏差
自我改进能力	6756	3.91	0.754
有效个案数（成列）	6756		

表 6-22　管理者对自我改进能力的测评得分

项目	人数/人	均值	标准偏差
自我改进能力	2040	4.03	0.735
有效个案数（成列）	2040		

在上述测评基础上，按照三级指标权重系数计算后得到的教学反思能力的赋权重均值，全体教师为3.93，理论导师为3.82，实践导师为4.11，任课教师为3.90，管理者为4.02；并且自我诊断能力得分远高于自我改进能力的得分（表6-23~表6-27）。

表 6-23　全体教师对教学反思能力的实际测评得分

项目	均值	权重系数	赋权重均值
自我诊断能力	3.92	0.67	2.61
自我改进能力	3.95	0.33	1.32

续表

项目	均值	权重系数	赋权重均值
教学反思能力	3.94		3.93

表6-24　理论导师对教学反思能力的实际测评得分

项目	均值	权重系数	赋权重均值
自我诊断能力	3.81	0.67	2.54
自我改进能力	3.83	0.33	1.28
教学反思能力	3.83		3.82

表6-25　实践导师对教学反思能力的实际测评得分

项目	均值	权重系数	赋权重均值
自我诊断能力	4.09	0.67	2.73
自我改进能力	4.14	0.33	1.38
教学反思能力	4.12		4.11

表6-26　任课教师对教学反思能力的实际测评得分

项目	均值	权重系数	赋权重均值
自我诊断能力	3.89	0.67	2.59
自我改进能力	3.91	0.33	1.30
教学反思能力	3.91		3.90

表6-27　管理者对教学反思能力的实际测评得分

项目	均值	权重系数	赋权重均值
自我诊断能力	4.01	0.67	2.67
自我改进能力	4.03	0.33	1.34
教学反思能力	4.03		4.02

(二) 教学反思能力与三级指标的相关性分析

通过皮尔逊相关性分析可以看出，全体教师对教学反思能力的评价与对教学反思能力的三级指标自我诊断能力、自我改进能力的评价之间存在极其显著正相关关系（表6-28）。

表6-28 全体教师对教学反思能力评价与对三级指标评价相关关系

项目		教学反思能力	自我诊断能力	自我改进能力
教学反思能力	皮尔逊相关性	1.000	0.890**	0.880**
	Sig.（双尾）		0.000	0.000
	个案数	11 443	11 443	11 443
自我诊断能力	皮尔逊相关性	0.890**	1.000	0.885**
	Sig.（双尾）	0.000		0.000
	个案数	11 443	11 443	11 443
自我改进能力	皮尔逊相关性	0.880**	0.885**	1.000
	Sig.（双尾）	0.000	0.000	
	个案数	11 443	11 443	11 443

** 在0.01级别（双尾），相关性显著。

通过皮尔逊相关性分析可以看出，理论导师对教学反思能力的评价与对教学反思能力的三级指标自我诊断能力、自我改进能力的评价之间存在极其显著正相关关系（表6-29）。

表6-29 理论导师对教学反思能力评价与对三级指标评价相关关系

项目		教学反思能力	自我诊断能力	自我改进能力
教学反思能力	皮尔逊相关性	1.000	0.886**	0.872**
	Sig.（双尾）		0.000	0.000
	个案数	6777	6777	6777
自我诊断能力	皮尔逊相关性	0.886**	1.000	0.876**
	Sig.（双尾）	0.000		0.000
	个案数	6777	6777	6777

续表

项目		教学反思能力	自我诊断能力	自我改进能力
自我改进能力	皮尔逊相关性	0.872**	0.876**	1.000
	Sig.（双尾）	0.000	0.000	
	个案数	6777	6777	6777

** 在0.01级别（双尾），相关性显著。

通过皮尔逊相关性分析可以看出，实践导师对教学反思能力的评价与对教学反思能力的三级指标自我诊断能力、自我改进能力的评价之间存在极其显著正相关关系（表6-30）。

表6-30　实践导师对教学反思能力评价与对三级指标评价相关关系

项目		教学反思能力	自我诊断能力	自我改进能力
教学反思能力	皮尔逊相关性	1.000	0.879**	0.871**
	Sig.（双尾）		0.000	0.000
	个案数	2591	2591	2591
自我诊断能力	皮尔逊相关性	0.879**	1.000	0.877**
	Sig.（双尾）	0.000		0.000
	个案数	2591	2591	2591
自我改进能力	皮尔逊相关性	0.871**	0.877**	1.000
	Sig.（双尾）	0.000	0.000	
	个案数	2591	2591	2591

** 在0.01级别（双尾），相关性显著。

通过皮尔逊相关性分析可以看出，任课教师对教学反思能力的评价与对教学反思能力的三级指标自我诊断能力、自我改进能力的评价之间存在极其显著正相关关系（表6-31）。

第六章　全日制教育硕士教学反思和研究能力三级指标测评

表6-31　任课教师对教学反思能力评价与对三级指标评价相关关系

项目		教学反思能力	自我诊断能力	自我改进能力
教学反思能力	皮尔逊相关性	1.000	0.887**	0.875**
	Sig.（双尾）		0.000	0.000
	个案数	6756	6756	6756
自我诊断能力	皮尔逊相关性	0.887**	1.000	0.881**
	Sig.（双尾）	0.000		0.000
	个案数	6756	6756	6756
自我改进能力	皮尔逊相关性	0.875**	0.881**	1.000
	Sig.（双尾）	0.000	0.000	
	个案数	6756	6756	6756

** 在0.01级别（双尾），相关性显著。

通过皮尔逊相关性分析可以看出，管理者对教学反思能力的评价与对教学反思能力的三级指标自我诊断能力、自我改进能力的评价之间存在极其显著正相关关系（表6-32）。

表6-32　管理者对教学反思能力评价与对三级指标评价相关关系

项目		教学反思能力	自我诊断能力	自我改进能力
教学反思能力	皮尔逊相关性	1.000	0.879**	0.875**
	Sig.（双尾）		0.000	0.000
	个案数	2040	2040	2040
自我诊断能力	皮尔逊相关性	0.879**	1.000	0.879**
	Sig.（双尾）	0.000		0.000
	个案数	2040	2040	2040
自我改进能力	皮尔逊相关性	0.875**	0.879**	1.000
	Sig.（双尾）	0.000	0.000	
	个案数	2040	2040	2040

** 在0.01级别（双尾），相关性显著。

第二节 教学研究能力三级指标测评

一、教育硕士对教学研究能力三级指标的测评

(一) 教学研究能力三级指标总体测评概况

1. 问题提出能力

从不同教育硕士主体对全日制教育硕士问题提出能力测评的均值看,全体教育硕士的均值为3.77,在校生的均值为3.72,毕业生的均值为3.89(表6-33~表6-35)。

表6-33 全体教育硕士对问题提出能力的测评得分

项目	人数/人	均值	标准偏差
问题提出能力	31 085	3.77	0.757
有效个案数(成列)	31 085		

表6-34 在校生对问题提出能力的测评得分

项目	人数/人	均值	标准偏差
问题提出能力	21 634	3.72	0.742
有效个案数(成列)	21 634		

表6-35 毕业生对问题提出能力的测评得分

项目	人数/人	均值	标准偏差
问题提出能力	9451	3.89	0.777
有效个案数(成列)	9451		

2. 问题处理能力

从不同教育硕士主体对全日制教育硕士问题处理能力测评的均值看,全体教育硕士的均值为3.78,在校生的均值为3.73,毕业生的均值为3.89

(表 6-36~表 6-38)。

表 6-36　全体教育硕士对问题处理能力的测评得分

项目	人数/人	均值	标准偏差
问题处理能力	31 085	3.78	0.753
有效个案数（成列）	31 085		

表 6-37　在校生对问题处理能力的测评得分

项目	人数/人	均值	标准偏差
问题处理能力	21 634	3.73	0.738
有效个案数（成列）	21 634		

表 6-38　毕业生对问题处理能力的测评得分

项目	人数/人	均值	标准偏差
问题处理能力	9451	3.89	0.774
有效个案数（成列）	9451		

3. 成果应用能力

从不同教育硕士主体对全日制教育硕士成果应用能力测评的均值看，全体教育硕士的均值为3.78，在校生的均值为3.73，毕业生的均值为3.89（表 6-39~表 6-41）。

表 6-39　全体教育硕士对成果应用能力的测评得分

项目	人数/人	均值	标准偏差
成果应用能力	31 085	3.78	0.753
有效个案数（成列）	31 085		

表 6-40　在校生对成果应用能力的测评得分

项目	人数/人	均值	标准偏差
成果应用能力	21 634	3.73	0.738
有效个案数（成列）	21 634		

表 6-41　毕业生对成果应用能力的测评得分

	人数/人	均值	标准偏差
成果应用能力	9451	3.89	0.774
有效个案数（成列）	9451		

在上述测评基础上，按照三级指标权重系数计算后得到的教学研究能力的赋权重均值，全体教育硕士为 3.71，在校生为 3.66，毕业生为 3.84；并且排序从高至低依次为：问题处理能力、成果应用能力、问题提出能力（表 6-42~表 6-44）。

表 6-42　全体教育硕士对教学研究能力的实际测评得分

项目	均值	权重系数	赋权重均值
问题提出能力	3.75	0.20	0.74
问题处理能力	3.71	0.49	1.82
成果应用能力	3.70	0.31	1.15
教学研究能力	3.70		3.71

表 6-43　在校生对教学研究能力的实际测评得分

项目	均值	权重系数	赋权重均值
问题提出能力	3.70	0.20	0.73
问题处理能力	3.65	0.49	1.79
成果应用能力	3.64	0.31	1.14
教学研究能力	3.64		3.66

第六章 全日制教育硕士教学反思和研究能力三级指标测评

表 6-44 毕业生对教学研究能力的实际测评得分

项目	均值	权重系数	赋权重均值
问题提出能力	3.88	0.20	0.77
问题处理能力	3.84	0.49	1.88
成果应用能力	3.82	0.31	1.19
教学研究能力	3.83		3.84

（二）教学研究能力与三级指标的相关性分析

通过皮尔逊相关性分析可以看出，全体教育硕士对教学研究能力的评价与对教学研究能力的三级指标的问题提出能力、问题处理能力、成果应用能力的评价之间存在极其显著正相关关系（表6-45）。

表 6-45 全体教育硕士对教学研究能力评价与对三级指标评价相关关系

项目		教学研究能力	问题提出能力	问题处理能力	成果应用能力
教学研究能力	皮尔逊相关性	1.000	0.859**	0.872**	0.875**
	Sig.（双尾）		0.000	0.000	0.000
	个案数	31 085	31 085	31 085	31 085
问题提出能力	皮尔逊相关性	0.859**	1.000	0.857**	0.857**
	Sig.（双尾）	0.000		0.000	0.000
	个案数	31 085	31 085	31 085	31 085
问题处理能力	皮尔逊相关性	0.872**	0.857**	1.000	0.880**
	Sig.（双尾）	0.000	0.000		0.000
	个案数	31 085	31 085	31 085	31 085
成果应用能力	皮尔逊相关性	0.875**	0.857**	0.880**	1.000
	Sig.（双尾）	0.000	0.000	0.000	
	个案数	31 085	31 085	31 085	31 085

** 在0.01级别（双尾），相关性显著。

通过皮尔逊相关性分析可以看出，在校生对教学研究能力的评价与对教学研究能力的三级指标的程度问题提出能力、问题处理能力、成果应用能力的评价之间存在极其显著正相关关系（表6-46）。

表6-46 在校生对教学研究能力评价与对三级指标评价相关关系

项目		教学研究能力	问题提出能力	问题处理能力	成果应用能力
教学研究能力	皮尔逊相关性	1.000	0.843**	0.860**	0.864**
	Sig.(双尾)		0.000	0.000	0.000
	个案数	21 634	21 634	21 634	21 634
问题提出能力	皮尔逊相关性	0.843**	1.000	0.842**	0.844**
	Sig.(双尾)	0.000		0.000	0.000
	个案数	21 634	21 634	21 634	21 634
问题处理能力	皮尔逊相关性	0.860**	0.842**	1.000	0.865**
	Sig.(双尾)	0.000	0.000		0.000
	个案数	21 634	21 634	21 634	21 634
成果应用能力	皮尔逊相关性	0.864**	0.844**	0.865**	1.000
	Sig.(双尾)	0.000	0.000	0.000	
	个案数	21 634	21 634	21 634	21 634

** 在0.01级别（双尾），相关性显著。

通过皮尔逊相关性分析可以看出，毕业生对教学研究能力的评价与对教学研究能力的三级指标的问题提出能力、问题处理能力、成果应用能力的评价之间存在极其显著正相关关系（表6-47）。

表6-47 毕业生对教学研究能力评价与对三级指标评价相关关系

项目		教学研究能力	问题提出能力	问题处理能力	成果应用能力
教学研究能力	皮尔逊相关性	1.000	0.885**	0.892**	0.892**
	Sig.(双尾)		0.000	0.000	0.000
	个案数	9451	9451	9451	9451
问题提出能力	皮尔逊相关性	0.885**	1.000	0.885**	0.880**
	Sig.(双尾)	0.000		0.000	0.000
	个案数	9451	9451	9451	9451

续表

项目		教学研究能力	问题提出能力	问题处理能力	成果应用能力
问题处理能力	皮尔逊相关性	0.892**	0.885**	1.000	0.905**
	Sig.（双尾）	0.000	0.000		0.000
	个案数	9451	9451	9451	9451
成果应用能力	皮尔逊相关性	0.892**	0.880**	0.905**	1.000
	Sig.（双尾）	0.000	0.000	0.000	
	个案数	9451	9451	9451	9451

** 在 0.01 级别（双尾），相关性显著。

二、教师对教学反思能力三级指标的测评

（一）教学反思能力三级指标总体测评概况

1. 问题提出能力

从不同教师主体对全日制教育硕士问题提出能力测评的均值看，全体教师的均值为 3.91，理论导师的均值为 3.77，实践导师的均值为 4.13，任课教师的均值为 3.86，管理者的均值为 4.01（表 6-48~表 6-52）。

表 6-48　全体教师对问题提出能力的测评得分

项目	人数/人	均值	标准偏差
问题提出能力	11 443	3.91	0.773
有效个案数（成列）	11 443		

表 6-49　理论导师对问题提出能力的测评得分

项目	人数/人	均值	标准偏差
问题提出能力	6777	3.77	0.770
有效个案数（成列）	6777		

表 6-50　实践导师对问题提出能力的测评得分

项目	人数/人	均值	标准偏差
问题提出能力	2591	4.13	0.710
有效个案数（成列）	2591		

表 6-51　任课教师对问题提出能力的测评得分

项目	人数/人	均值	标准偏差
问题提出能力	6756	3.86	0.784
有效个案数（成列）	6756		

表 6-52　管理者对问题提出能力的测评得分

项目	人数/人	均值	标准偏差
问题提出能力	2040	4.01	0.768
有效个案数（成列）	2040		

2. 问题处理能力

从不同教师主体对全日制教育硕士问题处理能力测评的均值看，全体教师的均值为3.89，理论导师的均值为3.77，实践导师的均值为4.07，任课教师的均值为3.85，管理者的均值为3.98（表6-53~表6-57）。

表 6-53　全体教师对问题处理能力的测评得分

项目	人数/人	均值	标准偏差
问题处理能力	11 443	3.89	0.766
有效个案数（成列）	11 443		

表 6-54　理论导师对问题处理能力的测评得分

项目	人数/人	均值	标准偏差
问题处理能力	6777	3.77	0.759
有效个案数（成列）	6777		

表 6-55 实践导师对问题处理能力的测评得分

项目	人数/人	均值	标准偏差
问题处理能力	2591	4.07	0.724
有效个案数（成列）	2591		

表 6-56 任课教师对问题处理能力的测评得分

项目	人数/人	均值	标准偏差
问题处理能力	6756	3.85	0.776
有效个案数（成列）	6756		

表 6-57 管理者对问题处理能力的测评得分

项目	人数/人	均值	标准偏差
问题处理能力	2040	3.98	0.761
有效个案数（成列）	2040		

3. 成果应用能力

从不同教师主体对全日制教育硕士成果应用能力测评的均值看，全体教师的均值为3.86，理论导师的均值为3.73，实践导师的均值为4.08，任课教师的均值为3.82，管理者的均值为3.96（表6-58~表6-62）。

表 6-58 全体教师对成果应用能力的测评得分

项目	人数/人	均值	标准偏差
成果应用能力	11 443	3.86	0.782
有效个案数（成列）	11 443		

表 6-59 理论导师对成果应用能力的测评得分

项目	人数/人	均值	标准偏差
成果应用能力	6777	3.73	0.776
有效个案数（成列）	6777		

表 6-60　实践导师对成果应用能力的测评得分

项目	人数/人	均值	标准偏差
成果应用能力	2591	4.08	0.723
有效个案数（成列）	2591		

表 6-61　任课教师对成果应用能力的测评得分

项目	人数/人	均值	标准偏差
成果应用能力	6756	3.82	0.791
有效个案数（成列）	6756		

表 6-62　管理者对成果应用能力的测评得分

项目	人数/人	均值	标准偏差
成果应用能力	2040	3.96	0.766
有效个案数（成列）	2040		

在上述测评基础上，按照三级指标权重系数计算后得到的教学研究能力的赋权重均值，全体教师为3.88，理论导师为3.76，实践导师为4.08，任课教师为3.84，管理者为3.98；并且排序从高至低依次为：问题处理能力、成果应用能力、问题提出能力（表6-63~表6-67）。

表 6-63　全体教师对教学研究能力的实际测评得分

项目	均值	权重系数	赋权重均值
问题提出能力	3.91	0.20	0.77
问题处理能力	3.89	0.49	1.91
成果应用能力	3.86	0.31	1.20
教学研究能力	3.91		3.88

第六章 全日制教育硕士教学反思和研究能力三级指标测评

表6-64 理论导师对教学研究能力的实际测评得分

项目	均值	权重系数	赋权重均值
问题提出能力	3.77	0.20	0.74
问题处理能力	3.77	0.49	1.85
成果应用能力	3.73	0.31	1.16
教学研究能力	3.78		3.76

表6-65 实践导师对教学研究能力的实际测评得分

项目	均值	权重系数	赋权重均值
问题提出能力	4.13	0.20	0.82
问题处理能力	4.07	0.49	2.00
成果应用能力	4.08	0.31	1.27
教学研究能力	4.15		4.08

表6-66 任课教师对教学研究能力的实际测评得分

项目	均值	权重系数	赋权重均值
问题提出能力	3.86	0.20	0.76
问题处理能力	3.85	0.49	1.89
成果应用能力	3.82	0.31	1.19
教学研究能力	3.86		3.84

表6-67 管理者对教学研究能力的实际测评得分

项目	均值	权重系数	赋权重均值
问题提出能力	4.01	0.20	0.79
问题处理能力	3.98	0.49	1.95
成果应用能力	3.96	0.31	1.24
教学研究能力	4.00		3.98

（二）教学研究能力与三级指标的相关性分析

通过皮尔逊相关性分析可以看出，全体教师对教学研究能力的评价与对教学研究能力的三级指标的问题提出能力、问题处理能力、成果应用能力的评价之间存在极其显著正相关关系（表6-68）。

表6-68 全体教师对教学研究能力评价与对三级指标评价相关关系

项目		教学研究能力	问题提出能力	问题处理能力	成果应用能力
教学研究能力	皮尔逊相关性	1.000	0.880**	0.877**	0.870**
	Sig.（双尾）		0.000	0.000	0.000
	个案数	11 443	11 443	11 443	11 443
问题提出能力	皮尔逊相关性	0.880**	1.000	0.876**	0.856**
	Sig.（双尾）	0.000		0.000	0.000
	个案数	11 443	11 443	11 443	11 443
问题处理能力	皮尔逊相关性	0.877**	0.876**	1.000	0.881**
	Sig.（双尾）	0.000	0.000		0.000
	个案数	11 443	11 443	11 443	11 443
成果应用能力	皮尔逊相关性	0.870**	0.856**	0.881**	1.000
	Sig.（双尾）	0.000	0.000	0.000	
	个案数	11 443	11 443	11 443	11 443

** 在0.01级别（双尾），相关性显著。

通过皮尔逊相关性分析可以看出，理论导师对教学研究能力的评价与对教学研究能力的三级指标的问题提出能力、问题处理能力、成果应用能力的评价之间存在极其显著正相关关系（表6-69）。

表6-69 理论导师对教学研究能力评价与对三级指标评价相关关系

项目		教学研究能力	问题提出能力	问题处理能力	成果应用能力
教学研究能力	皮尔逊相关性	1.000	0.874**	0.876**	0.863**
	Sig.（双尾）		0.000	0.000	0.000
	个案数	6777	6777	6777	6777

续表

项目		教学研究能力	问题提出能力	问题处理能力	成果应用能力
问题提出能力	皮尔逊相关性	0.874**	1.000	0.870**	0.840**
	Sig.（双尾）	0.000		0.000	0.000
	个案数	6777	6777	6777	6777
问题处理能力	皮尔逊相关性	0.876**	0.870**	1.000	0.872**
	Sig.（双尾）	0.000	0.000		0.000
	个案数	6777	6777	6777	6777
成果应用能力	皮尔逊相关性	0.863**	0.840**	0.872**	1.000
	Sig.（双尾）	0.000	0.000	0.000	
	个案数	6777	6777	6777	6777

** 在 0.01 级别（双尾），相关性显著。

通过皮尔逊相关性分析可以看出，实践导师对教学研究能力的评价与对教学研究能力的三级指标的问题提出能力、问题处理能力、成果应用能力的评价之间存在极其显著正相关关系（表6-70）。

表6-70 实践导师对教学研究能力评价与对三级指标评价相关关系

项目		教学研究能力	问题提出能力	问题处理能力	成果应用能力
教学研究能力	皮尔逊相关性	1.000	0.867**	0.848**	0.854**
	Sig.（双尾）		0.000	0.000	0.000
	个案数	2591	2591	2591	2591
问题提出能力	皮尔逊相关性	0.867**	1.000	0.866**	0.852**
	Sig.（双尾）	0.000		0.000	0.000
	个案数	2591	2591	2591	2591
问题处理能力	皮尔逊相关性	0.848**	0.866**	1.000	0.870**
	Sig.（双尾）	0.000	0.000		0.000
	个案数	2591	2591	2591	2591

续表

项目		教学研究能力	问题提出能力	问题处理能力	成果应用能力
成果应用能力	皮尔逊相关性	0.854**	0.852**	0.870**	1.000
	Sig.(双尾)	0.000	0.000	0.000	
	个案数	2591	2591	2591	2591

** 在0.01级别（双尾），相关性显著。

通过皮尔逊相关性分析可以看出，任课教师对教学研究能力的评价与对教学研究能力的三级指标的问题提出能力、问题处理能力、成果应用能力的评价之间存在极其显著正相关关系（表6-71）。

表6-71 任课教师对教学研究能力评价与对三级指标评价相关关系

项目		教学研究能力	问题提出能力	问题处理能力	成果应用能力
教学研究能力	皮尔逊相关性	1.000	0.877**	0.878**	0.869**
	Sig.(双尾)		0.000	0.000	0.000
	个案数	6756	6756	6756	6756
问题提出能力	皮尔逊相关性	0.877**	1.000	0.873**	0.856**
	Sig.(双尾)	0.000		0.000	0.000
	个案数	6756	6756	6756	6756
问题处理能力	皮尔逊相关性	0.878**	0.873**	1.000	0.878**
	Sig.(双尾)	0.000	0.000		0.000
	个案数	6756	6756	6756	6756
成果应用能力	皮尔逊相关性	0.869**	0.856**	0.878**	1.000
	Sig.(双尾)	0.000	0.000	0.000	
	个案数	6756	6756	6756	6756

** 在0.01级别（双尾），相关性显著。

通过皮尔逊相关性分析可以看出，管理者对教学研究能力的评价与对教学研究能力的三级指标的问题提出能力、问题处理能力、成果应用能力的评价之间存在极其显著正相关关系（表6-72）。

表 6-72 管理者对教学研究能力评价与对三级指标评价相关关系

项目		教学研究能力	问题提出能力	问题处理能力	成果应用能力
教学研究能力	皮尔逊相关性	1.000	0.869**	0.863**	0.864**
	Sig.（双尾）		0.000	0.000	0.000
	个案数	2040	2040	2040	2040
问题提出能力	皮尔逊相关性	0.869**	1.000	0.868**	0.855**
	Sig.（双尾）	0.000		0.000	0.000
	个案数	2040	2040	2040	2040
问题处理能力	皮尔逊相关性	0.863**	0.868**	1.000	0.879**
	Sig.（双尾）	0.000	0.000		0.000
	个案数	2040	2040	2040	2040
成果应用能力	皮尔逊相关性	0.864**	0.855**	0.879**	1.000
	Sig.（双尾）	0.000	0.000	0.000	
	个案数	2040	2040	2040	2040

** 在 0.01 级别（双尾），相关性显著。

第七章

讨论与建议

第一节　讨论

一、关于指标体系构建的讨论

（一）评价指标的测量与计算方式

教学能力评价是评价者对于评价对象在教学能力某项指标上评价的程度。本研究通过对教学能力评价进行赋值的方法进行评价指标的测量与计算，将评价者对评价对象的评价分为非常高、比较高、一般、比较低、非常低五个等级，设计出教学能力评价标尺，并对不同级别的教学能力评价赋予相应的分值，以相应区间内的某个数值表示全日制教育硕士在某项指标上达标的程度（图7-1）。

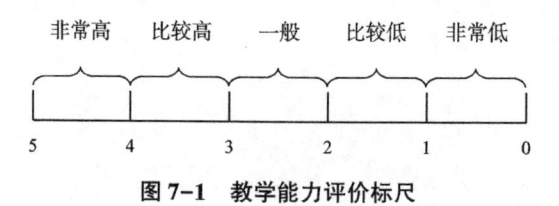

图7-1　教学能力评价标尺

为减少评价误差,故本研究采用 5 分制而不是百分制对指标进行评价。评价者根据教学能力指标的达标程度选择相应的评价值,5 分为非常高,4 分为比较高,3 分为一般,2 分为比较低,1 分为非常低。

在对所有的评价指标做出评价值后,评价值与指标组合权重系数的乘积,即该指标实际评价得分,再将各指标的评价分值相加,求得的算数和,即总评价得分。设 S 为总评价值,包含 n 项下级指标,第 i 个指标的教学能力评价值和组合权重系数分别为 X_i 和 W_i,且 $i=1, 2, \cdots, n$。总评价值的具体运算为:

$$S = \sum_{i=1}^{n} W_i X_i \quad 0 < W_i < 1; \quad \sum_{i=1}^{n} W_i = 1 \quad i = 1, 2, \cdots, n$$

设 S 为总评价值,包含 n 项下级指标,第 i 个指标的教学能力评价值和组合权重系数分别为 X_i 和 W_i,且 $i=1, 2, \cdots, n$。

计算出最终的总体评价得分后,转换成评价等级对全日制教育硕士的教学能力进行描述和评定。在参考百分制等级划分的基础上,制定了教学能力评价等级表(表 7-1)。

表 7-1 教学能力评价等级

等级	良好及以上	中等	及格及以下
总分值	5.0~4.0	3.9~3.0	2.9~1.0

在实际的全日制教育硕士教学能力评价中,既可以根据指标体系和权重系数对评价对象的整体进行评价,也可以仅从教学能力的某一层面对全日制教育硕士进行评价,判断衡量其教学能力评价情况。

(二)评价指标体系的科学性分析

1. 指标体系覆盖内容的全面性

在明晰全日制教育硕士教学能力评价内涵的基础上,通过对一线基础教育工作者的深度访谈和大量有关教育硕士研究生教育,以及我国中小学教师标准的资料和文献分析的基础上,进行指标的提取和归纳工作,再经过两轮的专家问卷调查,用以筛选完善指标内容。确保各级指标不仅能够尽可能全面地反映上级评价标准的特征与属性,同时也要避免出现同级指标之间存在相互包含或重复的关系。随着教师由职业向专业转变要求的提出，本体系将基础教育专家的各个发展方向与教育硕士的培养方向相结合，体现了时代的需要。因而，本研究构建的全日制教育硕士教学能力评价指标体系结构较为合理、内容较为全面，体现了以基础教育实践为导向和注重专业型教师培养的中心思想。❶

2. 指标体系建立方法的合理性

运用德尔菲专家咨询法开展的专家咨询和运用层次分析法进行指标权重系数的确立，是构建与完善全日制教育硕士教学能力评价指标体系的关键。虽然德尔菲专家咨询法和层次分析法主要依赖专家运用专业知识对评价对象做出主观的判断，但如果选取的咨询专家的权威性和代表性达到一定的要求和标准，那么可将主观判断的误差降到最小，咨询结果将仍是有效和可靠的。本研究选择的专家由四部分组成：全国教指委委员、多所不同的中小学校实践导师、多所不同的高校理论导师和中小学教研员。选择的咨询专家多具有 25 年及以上的工作经历，且基本都是副高级或正高级职称，所以对待教育硕士的实际需求有着充分和独到的认识与见解。同时，中小学实践导师任教学科背景也有所差别，具有较好的代表性。此外，在所有选取的教育专家中，有半数以上具有担任全日制教育硕士校外导师的经验，能够比较清楚地了解全日制教育硕士教学能力的现状，以及中小学校实际教育工作对教学能力的需要。综上所述，此次遴选的专家在本研究领域具有较高的代表性和权威性，这就使指标的增减和删除、评价标准的完善和权重系数的计算有据可依。因此，本研究指标体系的建立方法是科学合理的。❷

3. 指标体系权重计算的准确性

评价指标的权重系数是对指标体系相对重要性的主观认识，是对目标整体重要性的贡献程度，是连接各指标使之成为整体的度量纽带。从科学研究方法的角度来说，对于本研究中的教学能力评价指标权重系数的确立问题，无论是用主观的定性评价还是客观的定量评价都显得不够科学严谨，究其原因在于这两种方法都有其各自的局限性。主观评价虽然更容易对评

---

❶ 张剑. 全日制教育硕士培养质量评价指标体系的研究[D]. 沈阳:沈阳师范大学. 2015.

❷ 同❶.

价对象的性质进行判断和鉴定,但其不可避免地会带有评价者的个人主观因素,难以做到完全尊重客观事实,所以评价结果有时会与事物的实际情况存在误差;客观定量评价方法的应用有助于减少个人判断的主观性,但是评价对象或主体的很多属性难以完全用数据表述。因此,通过采用主观与客观、定性与定量结合的研究方法更具科学性,能更好地反映评价对象的属性。本研究正是在层次分析法的基础上,通过将定量和定性相结合的方法得到的权重系数和组合权重系数,能够较好地反映指标的相对重要程度,由此计算出的指标权重系数也较为准确。❶

4. 指标体系的信度分析

信度是指研究成果的可靠性与可信程度,通常采用某一种或多种测量工具对研究结果的信度进行测量与分析。一般用信度系数表示可靠性和可信程度,信度系数与成果可靠性之间成正比关系,信度系数越大,研究结果的可信度也就越大。所以,为验证本研究中设计的教学能力评价指标体系的可靠性和可信程度,需要对研究成果进行信度的测量。但是目前学术界和教育界还没有关于专业硕士研究生和教育硕士研究生教学能力评价的标准模型,所以本研究构建的指标体系难以直接对其信度展开测量。不过通过第二章中,关于选取咨询专家的代表性、可靠性和权威性的测量与分析,可知本研究为获取指标和权重系数而设立的指标评价模型具有不错的可靠性,即在一定程度上,表示研究成果的信度是合乎要求的。从前面的数理统计和数据分析中也可以证实此观点,可见本研究构建的教学能力评价指标体系有着可靠的信度。❷

5. 指标体系的效度分析

效度通常是由表面效度和内容效度两方面构成,反映的是研究成果或设计的评价指标体现事物客观真实性的程度。其中,表面效度的含义是指通过一定的研究方法而得到的研究成果,符合专家或大众对于该问题或事物的看法和认识。❸

---

❶ 张剑. 全日制教育硕士培养质量评价指标体系的研究[D]. 沈阳:沈阳师范大学. 2015.

❷ 同❶.

❸ 张斌贤,等译. 教育大百科全书[M]. 海南:海南出版社,2006:602.

通过本研究中的专家访谈内容可以看出，本书构建的关于全日制教育硕士的教学能力评价指标体系模型，基本符合访谈对象对中小学教师的认识和要求，所以本研究成果的表面效度良好。内容效度指的是所研究、测量或评价的指标对象得到专家的认可程度。通过各位专家对本研究设置的各级评价指标的判断结果显示，绝大多数专家认可本评价指标体系所包含的关于全日制教育硕士教学能力的要素与标准，表明本研究构建的评价指标体系有着不错的内容效度。❶

二、关于指标测评的讨论

（一）指标测评的总体情况

从教育硕士对全日制教育硕士教学能力指标测评的总体情况看，无论是总体教学能力，还是一级、二级和三级指标的测评均值，均呈现一致的结果：毕业生的均值最高，其次是全体教育硕士，在校生最低。从教师对全日制教育硕士教学能力指标测评的总体情况看，无论是总体教学能力，还是一级、二级和三级指标的测评均值，均呈现一致的结果：实践导师的均值最高，然后依次是管理者、全体教师、任课教师，理论导师最低。说明毕业生和实践导师对全日制教育硕士教学能力水平的评价最高，而在校生和理论导师对全日制教育硕士教学能力水平的评价最低。

同时，在对所有三级指标测评的结果排序中，不同师生主体均认为从高至低排在前十位的分别是：口语表达能力、自我诊断能力、教学创新能力、问题处理能力、组织教学能力、教材分析能力、自我改进能力、教学评价能力、成果应用能力、学习指导能力，表明师生均认为上述能力水平较高；而其余指标从低至高排序分别为：教学资源及教具筛选能力、教学过程设计能力、教学策略设计能力、板书书写能力、创设情境能力、教学目标拟定能力、课程标准分析能力、教学生成能力、信息技术应用能力、学情分析能力、问题发现能力，表明师生均认为上述能力需要进一步提升。

（二）相关性情况

不同师生主体对总体教学能力评价与对一级指标的评价、对一级指标

---

❶ 张剑. 全日制教育硕士培养质量评价指标体系的研究[D]. 沈阳:沈阳师范大学，2015.

的评价与对二级指标的评价、对二级指标的评价与对三级指标的评价之间均存在极其显著正相关关系。

不同师生主体均认为，一级指标教学实践能力对总体教学能力影响比一级指标教学反思和研究能力更为显著。

除毕业生外，其他师生主体均认为二级指标的教学基本功对一级指标的教学实践能力影响比其他能力的影响更为显著。

不同教育硕士主体、实践导师和管理者认为，二级指标的教学反思能力对一级指标的教学反思和研究能力影响比二级指标的教学研究能力的影响更为显著，而全体教师、理论导师和任课教师认为二级指标的教学研究能力对一级指标的教学反思和研究能力影响比二级指标的教学反思能力的影响更为显著。

不同师生主体均认为，三级指标的口语表达能力对二级指标教学基本功影响比其他能力影响更为显著；不同教育硕士主体、全体教师、实践导师、任课教师均认为，教学过程设计能力对二级指标教学实施能力的影响比其他能力影响更为显著，而理论导师和管理者认为课程标准分析能力对二级指标教学实施能力的影响比其他能力影响更为显著；不同师生主体均认为，组织教学能力对二级指标教学实施能力的影响比其他能力影响更为显著；不同教育硕士主体、管理者认为教学评价能力对二级指标教学实施能力的影响比其他能力影响更为显著，而全体教师、理论导师、实践导师、任课教师均认为，教学创新能力对二级指标教学实施能力的影响比其他能力影响更为显著；不同教育硕士主体认为，自我改进能力对二级指标教学反思能力的影响比其他能力影响更为显著，而不同教师主体认为，自我诊断能力对二级指标教学反思能力的影响比其他能力影响更为显著；不同教育硕士主体认为，成果应该能力对二级指标教学研究能力的影响比其他能力影响更为显著，而理论导师认为，问题处理能力对二级指标教学研究能力的影响比其他能力影响更为显著，全体教师、实践导师、任课教师、管理者认为，问题提出能力对二级指标教学研究能力的影响比其他能力影响更为显著。

三、关于教学能力存在问题的讨论

为更深入了解全日制教育硕士的教学能力，本研究选取了教指委委员、实践导师、校内导师和中小学教研员等52位专家进行了访谈，回收有效结果 51 份。在对访谈专家进行的全日制教育硕士教学能力现状咨询中，评价"很好"的占 3.9%，评价"比较好"的占 72.5%，评价"一般"的占 23.5%。在对全日制教育硕士教学能力是否存在院校间差异的调查中，认为全日制教育硕士教学能力存在院校间差异的专家占 88.2%，认为全日制教育硕士教学能力不存在院校间差异或不清楚的占 11.8%。

进一步根据题项"全日制教育硕士教学能力哪些院校高、哪些院校低"的结果归纳总结可以发现：整体来看，受访专家们认为教育部直属六所师范大学、省属重点师范大学、"985""211"院校、普通师范类院校的全日制教育硕士教学能力较强。同时，受访专家中有人表示：根据十多年组织、评审全国相关技能大赛的经验，获奖频次较高的院校主要有"华南师范大学、南京师范大学、浙江师范大学、华中师范大学、湖南师范大学、福建师范大学、曲阜师范大学等"。还有专家表示：像沈阳师范大学这类培养很有特色的高校，全日制教育硕士教学能力还是比较高的，在国赛中也有体现。也有不少专家指出：有师范教育传统、办学条件比较好、生源质量比较高、重视实践教学、培养过程比较规范、对教育硕士研究生教育有正确认识且高度重视研究生培养与管理工作、严谨务实的院校全日制教育硕士教学能力较强。

此外，大部分受访专家们都认为，一些综合性大学和一些地方性院校培养的全日制教育硕士，特别是本科非相关专业的教学能力偏弱；且非师范类的高校，特别是理工科类的高校培养的全日制教育硕士教学能力比较低。

在对全日制教育硕士教学能力是否存在地区间差异的调查中，认为全日制教育硕士教学能力存在地区间差异的占 62.7%；"不清楚"的占 31.4%；认为不存在地区间差异的占 5.9%。

进一步根据题项"全日制教育硕士教学能力哪些地区高、哪些地区低"的结果归纳总结可以发现：整体来看，受访专家们认为东部长三角、珠三角、京津冀等发达地区的全日制教育硕士教学能力比较高，因为其更容易接触前沿问题，把握教育改革动态更准。有专家表示：就全国而言，北京师范大学坐落在北京，首都是我国政治和经济活动的中心城市，北京师范大学历史悠久，有地域优势，所以北京师范大学全日制教育硕士教学能力的提高与发展有得天独厚的优势。也有专家表示：沈阳师范大学坐落在辽宁省会城市沈阳，享誉辽宁乃至东北，沈阳师范大学有着光荣的办学传统，沈阳师范大学全日制教育硕士教学能力整体水平比较高。同时，还有不少专家认为：重视学科教学的教学与研究、重视教育硕士实践课程建设与实践基地建设、重视教育硕士教学实践训练的地区，以及基础教育和高等教育衔接紧密的地区全日制教育硕士教学能力高一些。

此外，受访专家普遍认为西部、西南等偏远、欠发达地区的全日制教育硕士教学能力较低。

同时，通过对访谈结果的梳理可以发现，受访专家认为全日制教育硕士教学能力在教学实践能力、教学设计能力、教学实施能力、教学评价与创新能力、教学反思与研究能力等方面存在一些问题（表7-2）。

表7-2　访谈专家认为全日制教育硕士教学能力存在的问题

问题类型	问题具体表现
教学实践能力	教学基本功不扎实；语言表达、逻辑思考、沟通交往能力不强；绝大多数学校学生板书书写能力普遍较差；信息技术运用还存在较大欠缺
教学设计能力	对新课程理念把握不到位、基于学科、课标理解教学内容深度不足；新课标、新教材、新高考的领会力不强；对教材的把握研究不深入，教材分析能力不足；对学情的理解与把握不够精准；课堂环节驾驭能力不强；对基础教育教材、学生、课堂教学、实验条件甚至考试模式等现状了解不足；对高中总体知识、高考知识点的精准度掌握得不够
教学实施能力	维持课堂秩序，调动学生学习积极性的能力还不强；临场应变能力仍显不足，对突发问题和事件处理能力弱，于现场缺乏对学生的有效把控；教学实践生成能力不足；对学生学习的全面了解与个性化指导能力不足
教学评价与创新能力	教学创新意识及能力较差；缺乏引导学生进行自我评价，对学生的点评语匮乏，对自己的教学评价较为主观，自我诊断及改进能力一般
教学反思与研究能力	教学反思有效性不够；问题导向的探索性教学不足，问题设计缺乏梯度；教学研究意愿淡薄、发现教研问题能力不足、开展基于教育教学实践问题的科学研究的能力不高
其他方面	多学科交叉能力不足；学科前沿知识储备不足，对当下教育教学改革，尤其是"双新""双减"的认知与反应还不够迅速、不够深入全面；教育学、心理学、教学设计等理论基础薄弱，尤其无法将理论与学科教学实践相结合

第二节 提升全日制教育硕士教学能力的建议

一、全国教指委层面

通过专家访谈，了解到造成教育硕士教学能力水平不高的宏观层面原因：一是目前我国专业学位研究生教育的质量评价标准和评价体系尚不明确、专业认证及资格认证体系不够完善、社会行业组织和评价机构介入专业学位研究生教育教学与评估的机制还未建立；二是国家对专业学位研究生教育及教育硕士的自主发展引领不够，缺少对教育硕士教学技能的基础研究，教育硕士教学技能标准构建不足。为此，对全国教指委提出如下建议。

首先，要加强顶层设计，积极开展全日制教育硕士教学能力的基础研究，应由全国教指委统筹制定全日制教育硕士教学能力评价标准体系，制定实践教学标准等，为各培养院校提供可参考的标准与体系，进而提高全日制教育硕士的教学能力。

其次，强化质量监测与评估，加大对培养院校教育硕士研究生教学能力的评估力度，对教育硕士专业学位授权点学术队伍的变化情况、人才培养情况，特别是人才培养质量、取得的科研成果及承担的科研工程情况要定期开展专门评估，尤其应该加强对各培养院校实践教学任务的监管与评估，把实践教学任务落实到位，全面提高实践教学的质量。

最后，为了不断提升全国教育硕士的教学能力，全国教指委还应继续发挥整体指挥和指导职能，定期举办导师培训、实践教学模式经验交流、案例教学培训等相关内容的活动，定期开展全国性质的任课教师案例教学大赛、教育硕士教学大赛等，形成以大赛促发展的局面，进而全面提升教育硕士的教学能力及培养质量。

二、培养院校层面

通过专家访谈，了解到导致教育硕士教学能力水平不高的培养院校层面原因：一是培养单位不够重视全日制教育硕士的培养，在人才培养、引进及专业建设的力度和举措等方面都没有其他学科专业领域力度大，而且培养目标定位不准确，有的院校更注重理论层面的培养，有的院校更注重实践层面的培养，同时培养环节还存在学术化倾向，加上学习期限较短，学生学习目标不一，造成全日制教育硕士教学能力的培养不均衡；二是教育经费投入不足，且不同地区、不同院校间经济投入差距大；三是课程结构不合理，实践课程占比少，理论和实践环节整齐划一，缺少适用于不同基础和个体的针对性、选择性课程，实践价值小；四是全日制教育硕士培养"三习"环节的组织工作和实践内容基本上是对本科师范教育的简单重复，缺少高阶性与研究性的特别要求与考核，实习学校对实习生不够信任，为学生提供真实的教学实践和教学研究的机会少，而且受目前环节的影响，全日制教育硕士深入中小学校进行实习观摩和亲身实践严重不足。为此，对教育硕士培养院校提出如下建议。

第一，明确培养目标定位。在对影响教学能力因素的调查中发现，培养目标定位是排在首位的重要因素。教育硕士培养目标定位的准确与否，将直接影响教育硕士培养的整体质量和教学能力水平的高低。教育硕士作为专业型硕士，不同于学术性硕士的培养，应该重点强调其教学能力，尤其是教学实践能力的培养，这样才能培养出与中小学教师专业标准相符合的未来人民教师。

第二，提高生源质量。培养院校是参与全日制教育硕士培养从入到出全过程的主体，第一关就是要把控生源质量。受访专家也表示：要改进生源质量，在入学生源专业上有所限定，招收本科是师范专业或是相关专业的学生。

第三，更新培养观念。在全日制教育硕士教育过程中，应注意加强学科教学的教学和研究，加强学科专业知识、基本教育理论、基本教学技能的教学与训练，教学内容要求反映最新学术成果和科技动态、紧密联系实际需要，着重培养学生的能力。也有受访专家指出：应以教学胜任力为核心，重新设计全日制教育硕士的培养方案、课程与教学体系、教学评价标准等。

第四，加强师资队伍建设。应该不断提升师资队伍的质量，扩充师资队伍的数量，构建和形成一支适应专业学位研究生教育的师资队伍，建立健全合理的教学科研评价体系，建立健全双导师制，尤其应加强对校内理论导师的培训,重点以校内导师指导为主,校外导师参与实践过程、课程与论文等多个环节的指导工作,吸收不同学科领域的专家、学者和实践领域有丰富经验的专业人员,共同承担专业学位研究生教育的培养工作。

第五,优化课程结构。应该注重理论与实践的融合。理论知识与教学实践相互融合,能够促进全日制教育硕士探究能力和教学能力的提升,可安排理论课程与实践课程在短时间内交叉进行,全日制教育硕士在学习完理论知识后,及时进行相应理论的实践。同时在课程设置中增加实践课程的比例,理论课程的设置中也应增加方法技能类课程的比例,这样全日制教育硕士就可以更直接地学习教学经验,从而提高自身的教学能力。

第六,加强实践环节管理。培养院校应该加强实践环节教学,尤其是校外实习的设计与管理,应加强专业引导和督查,明确能力是在实践中形成的,对全日制教育硕士的教学能力也不宜提出过高的要求并进行相应的考核和评价。

第七,强化基本功训练。应该注重加强新课标下"教学常规"的培训,增加教育实习中真正上课节数,且每人必须上一节公开课,实践导师和理论导师都要到场给予评价、指导。此外,在完成理论学习的基础上,应该多培养全日制教育硕士的教学能力,可以举办多种形式的教师基本功、教师技能大赛或开展系列教学能力提升活动,帮助全日制教育硕士不断提升自己的能力。

第八,增加经费投入。培养院校应加大经费投入,尤其要保障校内实训设备及校外实践教学基地建设,提高双导师待遇,尤其是实践导师的待遇,使其能够真正履行自己的职责,从而为教育硕士教学能力水平的提升助力。

三、教师层面

全日制教育硕士的培养涉及校内导师、实践导师、任课教师和管理者四大群体,师资队伍建设至关重要。通过专家访谈,了解到造成教育硕士教学能力水平不高的教师层面的原因:一是各院校还存在对教育硕士导师队伍建设的认识不足,教育硕士导师队伍不能满足不断增加的教育硕士招生数量要求,也不能满足基础教育新课程改革的要求,有的导师非教育学科背景,根本不熟悉基础教育实践的变革要求;二是师资队伍建设不均衡,学科教学教师队伍建设是短板；三是部分导师专业能力结构不合理，导致对学生指导出现偏离，多数高校的专业学位校内导师都是由学术学位导师兼任的，这些导师往往都是在学术领域研究颇深，而在实践上却欠缺经验，无法有效地对学生进行相应的指导，同时校外实践导师在实习过程中也缺少及时的指导与评价；四是在全日制教育硕士教学过程中，任课教师运用专题讨论法和案例分析法较少，讲授法应用较多，研究生阶段应注重培养探究、分析和批判能力，新型课程实施方式未能引起有效关注。为此，针对教师提出如下建议。

第一，双导师真正履行导师职责。要建立无缝对接的双导师指导机制。双导师要加强对全日制教育硕士的指导，夯实理论基础，从课堂中来，再到课堂中去，实现从理论到实践再到理论的过程。校内理论导师，一方面要增加自身的基础教育工作和研究经历；另一方面，要加强对教育硕士教学能力的实训，尽量增加微格教学的课程内容，采取让学生各个击破的方式，逐项落地，进行实践，运用我与名师共成长——观摩专家级课堂实录，采取同课异构的方式，模仿借鉴，进行实践，同时加强"如何成为优秀教师"的指导；实践导师要加强对学生学科专业素养的培养，在全日制教育硕士进入中小学教育教学实践过程中，要多针对实习课堂教学中出现的问题进行指导，并且注重培养其发现问题、分析问题和解决问题的能力。

第二，任课教师不断更新教学内容与方式。作为教育硕士的任课教师，在课堂教学中，建议任课教师多采用讨论式、案例式等启发式教学模式，可在课堂上针对某一个现实教学问题进行讨论，激发全日制教育硕士发散思维，大胆质疑，并提出自己的观点，以提升批判性思维和探究能力。

第三，管理者实施科学有效的管理。培养院校从事教育硕士相关工作管理的人员，在教育硕士培养过程中，应该熟悉了解教育硕士师生的需求与培养的目标定位，制定科学合理的课程考核方式、导师和任课教师的遴选与考核标准，提高校内实验设施等使用效率，切实为提高教育硕士的教学能力乃至培养质量奠定制度基础。

第四，全体教师不断提升自身素养。作为教育硕士的培养主体，不论是理论导师、实践导师、任课教师还是管理者，均要不断提升自身专业素养和管理水平，特别是科研能力和基础教育实践能力，借鉴本科师范专业认证做法，了解基础教育实践，多进行实践教学研究。

四、学生层面

通过专家访谈，了解到造成教育硕士教学能力水平不高的学生层面的原因：一是全日制教育硕士中跨专业学生较多，专业素质参差不齐，本科阶段课程内容掌握程度不理想，学科知识存在大量漏洞；二是全日制教育硕士的学习目标不明确，在学习过程中，不能有针对性地对自身薄弱环节进行补救，过于依赖教师，自我学习提升意识不强；三是全日制教育硕士缺少职业规划、缺少对职业的充分认识，部分学生入学前以全日制教育硕士能够获取免考教师资格证为考研的动力，并未对未来从事教学工作做好相关准备。为此，针对学生提出如下建议。

第一，树立新的发展理念。全日制教育硕士个人要树立教学研究意识和教学实践能力发展意识，应制订与新课程目标相适应的个人发展规划，激发自身从事教师工作的意愿，做好职业生涯规划。

第二，强化教学能力训练。全日制教育硕士在学期间，要注重理论联系实践，强化自身教学实践能力和教学研究能力，边学边练，在研究中提升，在实践中训练，尤其是要强化自身教学基本功的训练与提升。

第三，掌握课程标准。全日制教育硕士在学期间，应该反复研读课标、教材，不断提高自身对课标、教材和学情的分析能力，特别是要提升对整个基础教育相关课程内容的整体认识。

参考文献

[1] 全国教育专业学位教育指导委员会.教育专业学位教育概况[EB/OL].(2022-11-25)[2022-12-18].http://edm.eduwest.com//viewnews.jsp?id=41.

[2] 张斌贤.2021年教育专业学位教育专项质量巡查情况报告[R].北京:北京师范大学,2021.

[3] 全国教育专业学位研究生教育指导委员会.全日制教育硕士研究生指导性培养方案(修订)[EB/OL].(2009-05-20)[2022-05-11].https://yz.chsi.com.cn/kyzx/zyss/200905/20090520/94572569.html.

[4] 董婷.硕士研究生教育质量评价标准的思考[J].文教资料,2006(11):16-17.

[5] 史秋衡,陈蕾.中国特色高等教育质量评估体系的范式研究[M].广州:广东高等教育出版社,2011:29.

[6] 张剑.全日制教育硕士培养质量评价指标体系的研究[D].沈阳:沈阳师范大学,2015.

[7] 刘友平,张丽娟.独立学院教师教学能力评价及提升路径[J].黑龙江教育(高教研究与评估),2020(2):48-51.

[8] 丁克,黄萍.地方师范类院校"卓越教师"教学能力评价研究[J].六盘水师范学院学报,2020,32(4):99-103.

[9] 李媛媛.师范生教育教学能力评价指标体系构建研究[D].重庆:西南大学,2021.

[10] 刘琴,窦菊花,何高大.职业院校教师教学能力评价模型及其价值取向[J].教育学术月刊,2022(11):62-67.

[11] VOGT F, ROGALLA M. Developing adaptive teaching competency through coaching[J].Teaching & teacher education,2009,25(8):1051-1060.

[12] LAUT J T. The identification of critical teaching skills and their relationship to student achievement:a quantitative synthesis[J].Ability,2000:25.

[13] ISMAIL A,HASSAN R,BAKAR A,et al. The development of TVET educator competencies for quality educa tion and training[J].Journal of technical education and training,2018,10(2):38-48.

[14] 谢建,褚丹,葛涵.基于层次分析法的高校教师教育者教学能力评价体系研究[J].中国成人教育,2015(4):122-125.

[15] 杨世玉,刘丽艳,李硕.高校教师教学能力评价指标体系建构——基于德尔菲法的调查分析[J].高教探索,2021(12):66-73.

[16] 吴志华,刘婷.教师教学能力评价指标体系的建立——基于高师微格课程效能评价的研究[J].辽宁师范大学学报(社会科学版),2011,34(4):58-61.

[17] 韩吉珍,彭邓民,杜维璐.普通高中新入职教师教学能力现状及对策研究[J].教学与管理,2016(18):69-71.

[18] 张晨阳."双创"背景下高职院校青年教师教学能力现状与提升对策分析[J].新疆职业教育研究,2022,13(2):44-48.

[19] 朱家华,王学慧,窦福良.基于教师专业标准的师范生教学能力现状研究——以临沂大学生物科学专业为例[J].临沂大学学报,2020,42(5):128-135.

[20] 朱琳.师范毕业生教学能力现状研究——基于×省属师范学院的调查[J].重庆第二师范学院学报,2016,29(1):139-143.

[21] 龙细连,肖魁伟,郑梅华.高校青年教师教学能力现状与提升路径实证研究[J].中医药管理杂志,2022,30(7):116-119.

[22] 胡净.中职教师教学能力现状及其影响因素的实证研究——基于湖北省18所中职学校的调研数据[J].兵团教育学院学报,2020,30(2):53-59.

[23] 于波,骆玉凤.职前教师教学能力培养现状及其影响因素研究——以×大学为例[J].教师教育学报,2018,5(3):46-52.

[24] 岳晓婷,潘苏东.教学比赛对师范生教学能力发展的影响调查[J].现代大学教育,2015(6):96-100.

[25] 高如民,李丽.高等院校师范生教育教学能力现状分析与训练提升[J].教育评论,2016(5):114-117.

[26] 申涤尘,王慧,杜锐.地方农业院校教师教学能力及评价研究[J].职业技术教育,2021,42(23):58-61.

[27] 雷群泌,李欢玉.高职院校青年教师教学能力现状及提升策略研究[J].黑龙江教师发展学院学报,2021,40(10):27-29.

[28] 王婷,赵峻岩.循证教育学理论与师范生教学能力提升研究[J].煤炭高等教育,2021,39(1):99-104.

[29] 孙茜,黄收友,刘群凤.核心素养视角下师范生教学能力的因子分析[J].湖北师范大学学报(自然科学版),2022,42(2):109-113.

[30] 芦颖,洪金中.师范认证视域下提升师范生教学能力途径[J].江苏科技信息,2021,38(29):52-54.

[31] 刘媛媛.全日制教育硕士教学实践能力实证研究——以S大学为个案[D].沈阳:沈阳师范大学,2022.

[32] 侯俊行.全日制教育硕士教学研究能力的实证研究——以S大学为例[D].沈阳:沈阳师范大学,2022.

[33] 李淑花.护理学硕士研究生核心能力评价指标体系的初步构建[D].太原:山西医科大学,2009.

[34] 孙振球.医学统计学[M].北京:人民卫生出版社,2009:529-547.

[35] 曾光.现代流行病学方法与应用[M].北京:中国协和医科大学出版社,1994:250.

[36] 王莲芬,许树柏.层次分析法引论[M].北京:中国人民大学出版社,1990:32.

[37] 黄春霞.军队医学科研型硕士研究生培养质量评价指标体系的研究[D].重庆:第三军医大学,2007.

[38] 张斌贤,等译.教育大百科全书[M].海口:海南出版社,2006:602.

后 记

本书系中国学位与研究生教育学会课题"全日制教育硕士研究生教学能力评价研究"(学会文〔2022〕21号)、辽宁省教育科学"十三五"规划课题"基于教师教育功能拓展的职业教育师资培养路径研究"(JG20DB416)、沈阳师范大学教学改革研究项目"'教师教育+X'的实施模式研究"的结题成果。

本书的完成离不开课题组全体成员的辛勤付出和密切合作。同时，沈阳师范大学刘媛媛、申君宇、彭丹丹、邸燕飞、于茜茜、吴雨萌、朱玉、张剑，以及沈阳体育学院彭唐修平等，参与了本书部分章节内容的资料收集和校对工作。

感谢全国教指委对本研究给予调研方面的大力支持。

对本书调研及撰写过程中参考的和未能逐一明确注释成果的各位专家和学者表示诚挚的歉意和谢意！

由于笔者的知识、能力所限，书中难免存在不足，敬请各位读者包涵与指正。

彭万英　唐卫民
2022 年 12 月